大展好書 好書大展

大展好書 好書大展

社會人智囊

33

記憶力・集中力增進術

廖松濤／編著

大展出版社有限公司

序言

「只要你閱讀本書，記憶力和集中力就會增加三倍」你相信嗎？

當你抱怨「記憶力和集中力逐漸衰退……」之前，請先仔細反省一番。事實上我們對於工作或讀書等，自己不喜歡做的事，往往無法集中心力，而且記憶力也難以發揮。然而，如果是你喜愛的麻將或高爾夫球，情形又是如何呢？打牌時，對於複雜牌局的組合，分數的計算，你不但可以瞭如指掌，即使通宵達旦也能穩如泰山。至於說到打高爾夫球，即使你覺得工作有些疲倦，也有辦法起個大早，高高興興地出門打球。

或著當你談到「家中孩子記性很差……」之前，可以先問問他們，「最喜歡的電視節目是那一部？每週什麼時間？那一個頻道播出？」相信他們會給你圓滿的答覆。或當他們正在閱讀自己喜歡的漫畫時，如果你輕輕地叫他們，他們幾乎不會回應你，那是因為他們已經看得入迷到了忘我的境界。

你以及「你的孩子們」，是否真的記憶力和集中力衰退了呢？

人類的本質是「見一次後就可以記住」，一輩子也不會忘記。再加上一定的條件，給予適當的環境，即可將注意力集中在很多事物上。關於這點，被稱為記憶天才的艾普

・林肯，或「打擊之神」川上哲治，都可以說是記憶力與集中力非常強的將相天才，但事實上他們的資質卻和我們完全一樣。

問題是我們沒有完全將原來的記憶力和集中力發揮出來，所以不知道與生俱來的潛力。

那麼，我們應該如何運用自己原有的資質呢？一旦閱讀完這本書後，相信您的記憶力和集中力便可以充分發揮，甚至將那些能力提高到三倍、五倍甚至十倍以上，幾乎可以達到你所希望的程度。

如果讀者能從本書學習到如何提高記憶力與集中力的方法，而來創造未來光明的前途，本人必深感榮焉。

目　錄

第二章 記憶和集中的機構

第三章　提高記憶力的十五項要點

第四章　提高記憶力的方法

第五章　提高集中力的十二項要點

第六章　提高集中力的方法

第一章　增加記憶力和集中力達三倍以上

1 有志者事竟成

只受過四個月小學教育的少年卻成為總統

「艾普，艾普你在那裡，快點出來。」

「媽，我在這兒，馬上來。」

這是一位非常可愛的少年對母親的回答。一個白天在外撿拾樹枝和枯木，然後帶回家堆積在小屋角落裡的少年。

他出自貧窮的拓荒者家庭，父母親都在外工作。而撿取柴火以備取暖，是七歲的少年艾普須做的事。

父母沒有能力供給他玩具、畫册，每天只靠粗茶淡飯維持生活。對少年的林肯來說，在晚餐吃完後剩餘的短暫時間，是他一天中最快樂的時光。此時母親會告訴他們很多故事，林肯與姊姊莎拉就坐在薪柴旁傾聽。從故事中使少年產生了夢想，對未來寄予無限的厚望。

此乃艾普・林肯兒童時代的經過。

生長在如此貧窮的家庭裡，艾普連最起碼的小學教育都無法享有，他所受的正規教育，算起來只有四個月而已。

儘管如此，他還是擁有非常豐富的知識和記憶力。當他成爲伊利諾州的律師，以至政治家生涯時，所表現的記憶能力是十分驚人的。例如，一位他在布拉克荷克之戰時（彼時他才二十三歲）認識的義勇軍軍官，當三〇年後再度見面，他仍然可以正確地叫出對方的姓名，使對方驚訝不已。

他之所以如此渴望地追求知識和旺盛的記憶力，肇始於幼年時期的培育。每當他讀書或了解了新事情認識了新世界，都會回想起慈祥的母親爲他們講敍故事時的樂趣。

因此，當他在新色勒姆做雜貨生意時，他委託經常通過此地的蓬馬車，帶來一本「英國法律注解」加以反覆閱讀，使得法律學的基礎根植在腦中，給予他日後成爲律師很大的助益。

在他獲取知識、不斷增加事物的記憶時，不知不覺中總會引領自己，回到幼時坐在薪柴旁聆聽母親講故事的那份安祥與快樂。

三度落榜的大政治家邱吉爾

曾經大學聯考挫敗三次，仍能成爲舉世聞名、舉足輕重的大政治家，實在令人不可思議。邱吉爾不喜歡唸書的情形，並不亞於我們之中的任何人。

邱吉爾對法文、拉丁文、及討厭的數學完全排斥。在語言學校的成績，經常是班上的倒數名次。連他興趣所在的軍校，美國桑多哈士特陸軍大學的考試，也三次落榜，直到第四次才被錄取。

他眞正開始唸書，是陸軍大學畢業後，被派駐到印度當駐留軍時。

「我什麼都不知道，如此下去怎麼可以呢！」這是邱吉爾二十二歲時，首次發現自己的無知。從那時起他下定決心，並努力進修。於是，他聯絡家鄉美國本土，將歷史、地理、哲學、數學所有的書籍，都寄過來閱讀。由於他的耐性，加上追求知識的渴望，曾一度被列為劣等生的他，經過不斷的努力，集中力及對事物的記憶力均發揮出來。使他原來凡事都記不住的頭腦，如在砂地上澆水一樣，無法將知識吸收住的情形大為改觀。在印度炎熱的夏天，當同僚們都懶洋洋的睡午覺時，他卻卷不離手的用功唸書。

此時，他受布拉敦的哲學，以及羅馬帝國衰微史的影響，使他日後成為寫文章或演說家名人。退伍後，他任倫敦早報記者，以一八九九年在南非波亞戰爭的情形，作經驗式的取材，贏得英國全民的喜愛，每個人對邱吉爾送來的消息，無不引頸以盼。他的文章猶如一邊行走一邊哼唱的歌，健康、爽朗而鼓舞人心，再加上他的親身體驗，更為人所津津樂道，至於他的演說也和文章一樣，受人歡迎。

他的信念是「絕不從危險中逃脫」。在二十六歲時便當選國會議員，四十六歲已是英國稀有的幾位政治家之一。當他受美國合衆國的邀請，準備到美國各地做講演旅行之際，遭到倫敦警察機關提出中止演講的勸告。因爲一些對大英帝國不滿分子，正計劃組織「暗殺協會」，揚言將要暗殺在演講旅行中象徵大英帝國的邱吉爾。但是，邱吉爾並不因此而退却，依然赴美演講。

這是發生在美國某一個城市的眞實事情。暗殺協會的會員取得演講入場券，混入聽衆當中，市警察署長接獲密報後，立即通知邱吉爾停止演講，但是邱吉爾仍然照常演說。出乎意料的，暗殺集團的人員竟被邱吉爾的演講詞所感動，而悄悄的退下。在這之前，當美國市警察署長勸告邱吉爾停止演講時，邱吉爾卻平靜的說：

「眞會如此嗎？即使危險眞的來臨，我也絕對不逃避。退却則危險會增加二倍，唯有勇往直前，危險才會減半，逃避是沒有用的，所以我決定不逃避。」

不論讀書或做人方面，邱吉爾始終稟持著脚踏實地的做法。他雖不甚了解作一個秀才的意義，且不爲讀書而讀書，只要能了解文章的意義，即使被取笑爲劣等生的他，也能心平氣和接納任何事情，決不任意的退縮或逃避艱難，反而熱切的追求新道理、吸收新知識。

就是這種脚踏實地的觀念，促使曾是劣等生的邱吉爾，得以成爲日後一流的政治家。

提高記憶力與集中力的先決條件是：首先要挑選自己所喜歡的事情

毅力是促使事業成功的重要特質，而達到成功的必備條件則是記憶力和集中力，這些能力是否只有像林肯、邱吉爾等偉大的天才們才擁有的嗎？

我曾視能力開發為一種事業，所以收集多方面的資料作能力開發的討論。其中談論最多的是如何提高記憶力與集中力。

「我的記憶力與集中力逐漸退化，有沒有提高的方法呢？」

「我的孩子記性很差，有沒有辦法提高記憶力呢？」

「我的員工們散慢、怠惰，好像沒有幹勁。」

這是我經常聽到的話。

但是若我們詳加考慮，就會發現類似以上所講的人，他們對自己有興趣的事，又會有不一樣的表現。例如喜歡打麻將的人，在工作上並不順利，但對於複雜的點數計算之方法和理牌，卻是得心應手。任何人均會記住昨天情人所穿著的服裝。「談到孩子記憶力差」之前，可以先問他們何時看何頻道的電視節目，相信他們會給你圓滿的答覆。當我們查陌生的單字時，對這個字感到似曾相識，卻又記不起來。「談到員工怠慢」之前，也必須先想一想，職員中是否人人都不求上進，他們為什麼對工作都不熱心呢？

他們決非欠缺記憶力與集中力，而是對該事物的動機不感興趣。果眞如此，那麼我們每個人可以將對麻將、電視節目表的優良記憶力發揮出來。尤其像徹夜打麻將、或好不容易等到一天假日，一大早起來打高爾夫球的集中力及那股幹勁，均可充分表現出來。只要我們能完全發揮記憶力與集中力，則任何人均不遜於林肯的記憶力、邱吉爾的集中力。

由此可知，自己有興趣的、符合心願的動機，均能提高記憶力與集中力。這是我長久以來研究的課題。詳細的理論留待第二章敍述，現在先來談結論。我們腦中所蓄存的印象意識，是掌握記憶的關鍵之鑰。若將印象意識的記憶適當控制在應注意的方面上，我們的記憶力與集中力即可提高到驚人之程度。控制印象意識的記憶和年齡、性別無關，任誰都可以做得到。

在談論第二章理論性敍述之前，已經介紹了以上幾個實例供讀者參考。

2 廣島大學醫學院的榜首

▨無濟於事的想法不如不想

一九七八年七月中旬，我接到岡孝太郎氏的一封信。由於信中提到，其子孝和經常欠缺集中力，因此他詢問敝社目前進行的控制印象記憶，是否有效？他曾閱讀我所著「再創造另一個人的構想」，對我所進行的能力開發方法表示很關心。尤其希望和我見面，讓孝和利用暑假來我的研究處作一探討。

孝和在那年春天參加廣島大學醫學院、高知醫大的入學考試，都失敗了。孝和本人和岡氏均很失望，因爲一些成績比他差的同學都錄取，他卻落榜。主要的理由，應該是與孝和本身缺乏興趣有關，將題目的旨意會錯所致。

岡氏又說：「孝和參加廣大入學考試時，因搞錯題意，所以未被錄取。因此在第二次的高知醫大考試時我一面送他出門，一面叮嚀他絕對不可再會錯題意，結果他還是犯同樣的毛病。有一次當他要到老師處時，也因爲搞錯新幹線車站的月台，而躭誤了約定時間。總之，孝和經常在最重要的時候失去集中力。」

我想我們也經常會遭遇到類似的經驗。一個平時說話非常流利的人，一旦出現在大庭廣衆面前，就突然變得結結巴巴說不出話來。對於一個擅於說話的人而言，產生此種怪異的現象，實在很令人困惑。此外有些人在向上司進行工作業務報告時，也會出現同樣困窘的情形。你會發現，我們越是想把話說好，越是抓不到其要領。

像那樣的經驗，相信你也有過吧！

這是因爲印象記憶無法集中所致。如果能加深印象記憶，就不會遭遇如前所述的失敗經驗。即使是本人沒有意識到、無意識下失去記憶等情形都能記住。例如我們一想起酸梅，便會流口水的現象，就顯現出回憶的狀況。

「考試時無法集中注意力，而誤解題目的意思，一定會遭淘汰」「在他人面前說話會臉紅，無法圓滿傳達話意」「記不住單字、文章」這些都是造成失敗的原因。

像這種任你再怎麼想，也想不出所以然的事，不如不想，否則將會形成不良的壞影響。

腦海裡經常浮現好的景象

一般人都很在乎別人對自己的看法，所以常常有鑽牛角尖的習性。在人們面前說話會怯場的人，一旦面對大庭廣衆必定備加困擾。這實在是件很令人頭痛的事。我們每個人都有自尊心，因此，只要靜靜地回想自己最順利、最美好的情形時，自然能消除怯場、尷尬的場面。

孝和的情形，就是由於他本人與父親都太在乎這件事情的成敗所造成。我們可由他父親的一句話—「你這次必須好好專心不能再失敗」得到印證。這便是因爲得失心過重，而引起怯場的心理。如果心情沒有壓力，怯場的情形就不會發生。

孝和如果在考前，就定下心來反覆思考、接受考試的印象，等到眞正進入考場時，就能心平氣和緩和情緒，使大腦皮質穩定，同時回想順利的事情，即可發揮記憶力的效果。

如此反覆練習四日，每天三次，加上孝和年輕及熱衷的重複練習，訓練其穩定地接受考試，即使在睜開眼睛之時，亦能回憶事情。

回家後他也不斷練習，並使用練習用錄音帶。

以往他對於讀書是抱功利主義的心理，但自從學習回憶印象式的記憶後，完全拋棄此種有目的的唸書方法。孝和從小就立志將來要成爲醫生，計劃以西洋醫學和針灸學統合起來，創造另一種新的醫學領域。因此「他若在考試時，拋棄此種念頭」，就不致於誤解題目的意思。

岡孝和的性格變化

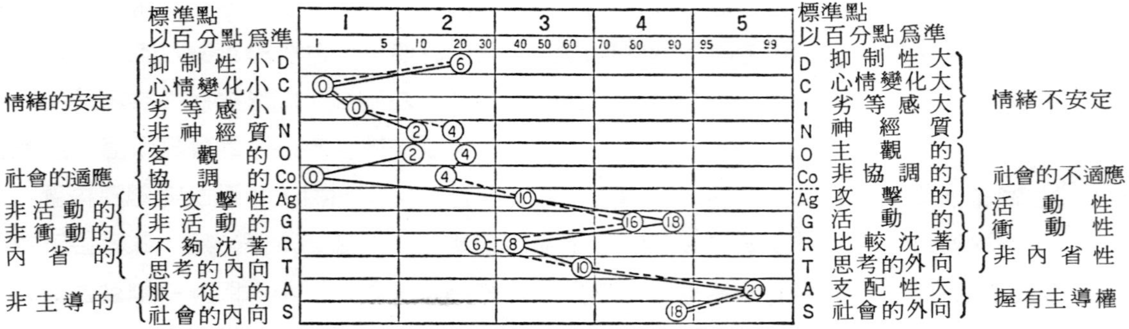

	年月日	E系統值	C系統值	A系統值	B系統值	D系統值	判定	線的種類
開始前	1983.8.15	1	7	2	3	9	D	虛線········
系統結束時	1983.8.18	0	6	3	3	9	D	實線———

▨岡孝和的能力判定評估

調查年月日	練習開始前	1983 年 8 月 13 日			
	系統結束時	1983 年 11 月 18 日			
公司名	農業	住址		職業	
姓名	岡孝和	性別	男	年齡	53 歲

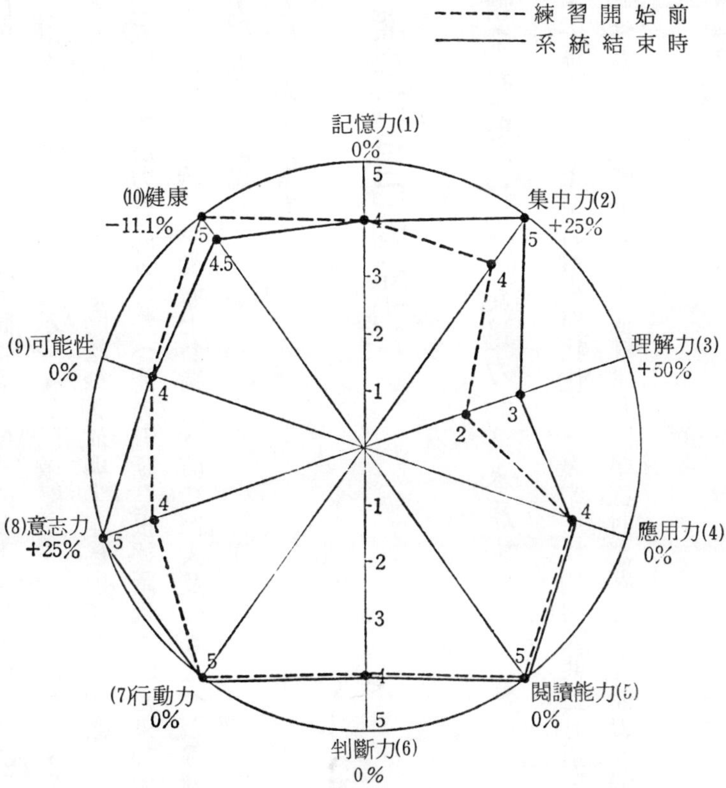

〔父親的評估〕

經過四天的練習，孝和已經能充分的進行有關考試方面印象式的練習。加上他原來的深厚基礎，內心一股上進的衝勁，所以在四天期間（如圖所示），他已改變過去神經質的想法，提升爲客觀性、協調性的觀念，並具有活動性的傾向。從他開始練習前與半年後所作能力判斷測定表相比較，集中力、意志力提高二五%，理解力升高五〇%（能力判斷是根據岡氏的眼光來評估）。

一九七九年四月岡氏又來一封信。告訴我孝和考上防衞大、防衞醫大及廣島大（醫學部）、產業醫大等校，而且是廣島大學醫學院的榜首。

這令我感到印象控制的方法的確是非常有效的。

3 任何人都能提高自己的能力

以輕鬆愉快的心情來提高集中力・記憶力的基本原則

在防大四年級下學期時，一年級的學弟M君搬來與我住同一寢室，我們兩人共擁有這間八個榻榻米大的房間。當時我開始注意「人類的能力」，並經常和同學探討，人的自身能力、開發能力等事。

有一天我與學弟閒談，他突然問我：

「學長，我希望能提高記憶力與集中力，不知道有什麼方法？」

「怎麼了？爲什麼會有這種想法。」他遲疑了一下說：

「我希望成績能再提高。」

他在班上五十三人中排名第二十五，屬於居中的程度，雖然他不是好勝之人，但希望儘量再提高成績，因此開始進行控制印象記憶的方法。

最初練習時，他保持心曠神怡弛緩的狀態。使大腦皮質、記憶裝置、心身遲緩、安靜化的機能狀態發揮出來。相反的，若過分緊張、心情不愉快，就會降低機能。因此，首先必須培養身心的弛緩狀態，並反覆練習。

M君因爲很喜歡洗澡，每當洗完澡他就坐在椅子上慢慢回想，並以弛緩的心情開始練習。每晚就寢前練習一〇～一五分鐘。當M君練習大約一個半月後，逐漸進入弛緩的狀態。於是他以前毛躁的個性、患得患失的心理，變得沈著、穩定，臉色也出現柔和的光彩。

從此，他的身體健康情形良好，且能平靜的進修課業。

「學長，托你的福，我夜晚睡得很好，胃痛的情形也好多了。上課時也變得十分專心，對人生觀也充滿憧憬。」經過練習後，他對我這麼說。

在內心描繪過去美好的印象

接著他所進行的練習，是反覆回憶過去美好的印象。

「如果突然的忘記」「老想着失敗的經驗」則會降低記憶力與集中力，就如前所說過的一樣。反之，若常想到成功的事情、快樂的經驗，又會如何？

「我以前記憶力好強。」

「這一次應該可以牢牢的記住。」

「從前我一向很專心，這回也能專心吧！」

若能持續不斷的練習，便可加深記憶力與集中力，使頭腦變得靈敏。關於此點將在第二章詳細討論。

M君在身心鬆弛後，又做以下控制記憶的練習。

「高中時代就能牢牢記住英文單字。」

「剛開始從事飛機的風洞實驗令我很感動，即使經過這麼久，我始終不會忘記當初觀察時的印象。」

每天就寢前做五～一〇分鐘的練習。

不斷練習的結果，使我們對於頭腦的記憶力與集中力，感到有自信，且在最有效率的情況下，做有次序的回憶，在不知不覺中就會加深記憶力與集中力。

從持續不斷的練習中，M君變得很活潑、爽朗。其內心所鬱積欠缺的記憶力與集中力、不安及自卑感，都在練習後的三個月內消失了。

不久，我畢業了。半年後，我接到學弟的一封信，告訴我說他錄取航空工學科的好消息。

4 一萬份的庫存表也能在瞬間記憶

「我記得住嗎？」這種懷疑將會阻礙記憶的發展

「嗨！老闆！今天天氣很好……」

當安多留許久未出現在住家附近的超級市場時，店員神采奕奕地對他打招呼。他出來購置一週所需的食品，有奶油、乳酪、麵包、蘋果、橘子等很多，商品上均未貼標價，而出納台的年輕店員卻可一一計算出售價。

安多留覺得很吃驚，問道：「先生，你不看價格表可以記得住呀？」年輕的店員一邊笑著一邊回答：「要是逐一看價格表，我就不能做生意了。商品的價格我早已記在腦海中。不相信的話，你可以比對一下。」安多留果眞一一對照，發現完全正確。

安多留被這位年輕人強烈的記憶力震驚之餘，立刻任用他當倉庫管理主任。

對這位記憶力好的年輕人而言，擔任倉庫管理的工作是毫無問題的，但對記憶力不好的人來說，就很痛苦了。

赤海壽雄氏從大型水產會社轉任到都市運送會社工作。此會社是從事大型電氣零件廠家包工的包商，他被任命的職務是倉庫管理部門。包含鈕扣、終端機、配電板……等各式各樣的電氣零件，零件的數目超過好幾萬，因爲了配合電腦的管理，所以必須整理得井然有序。

亦即開關1、計算機2、終端機3……等情形。

赤海對有關記憶的事，感到有點吃不消，所以對我說：

「這實在是一個非常特殊的工作環境……雖然我已五十多歲，但仍得辛苦的記住每一個細節，剛開始實在有點分身乏術。」

人類本來就具有記憶一次的事後一輩子都不會忘記的本領。但對每個人來說，由於身體情況不同，才會經常忘記過去的經驗。

把我們第一次記憶的事，在自己的意識下再度喚起。如果記憶的結構，「沒辦法記憶，沒辦法牢記」，等喪失記憶的恐懼如果無法喚起記憶，則將形成阻礙記憶的最大要因，這點是我們必須切記的。

「心情開朗」可使記憶倍增

赤海先生在被調職前半年時，爲印象控制方法研究會的會員，而且已經學會使自己放鬆的方法。之後要努力的目標就是消除對記憶和背誦的無力感所產生的恐懼。

赤海先生學會放鬆自己精神的方法之後，開始擔心能否清楚的記憶過去之事，對目前的工作也能妥善的把握處理。亦即「在工作時間內輕鬆愉快的工作，下班後和同事一起去喝酒，年終時又能得到一大筆獎金。」

如此持續了三個月，在他已排除不安情緒的同時，更知道如何使自己的心情變得開朗。這麼一來他馬上建立起自信心來，信心一建立，對工作就能妥善處理。

就如赤海先生自己說的話：「當我們將自己的精神放開時，對身體健康情形、精神狀態均有很大的幫助，由數十萬點所聚集的腦筋可轉爲清晰」。除此之外，以前始終感到不安或緊張的工作，現在也能處理得駕輕就熟。

即使是半年前的事，也像昨天一樣記憶鮮明

幾天前，赤海先生下班後到我研究處，說了以下有趣的話。

「我在最近終於應驗了訓練的效果。有一次當公司有瑕疵的不良貨品被退回來時，我即以機能性的方法去處理。我們對退貨品並不在乎，但課長卻耿耿於懷，問道：『有誰知道半年前被退的零件是那一種』而半年前的零件到底是那一種，居然沒有人能回答。

那時我回到座位上，試著回憶半年前的事，最後終於想出是誰將零件帶回工廠及零件放置的地方，就如昨天才發生的事一般歷歷如繪。

我向課長說：「課長，我想出來了，傳票放在A先生的零件櫃裡。課長感到驚訝，並說我和當初剛調職時不一樣了。哈哈哈……」。

由此可知，赤海先生學習印象控制的方法已產生效果。

5 突破公家考試的秘訣

▨目標確定後即可妥善發揮記憶力與集中力

印象控制的方法在新聞媒體與雜誌上經常出現，也曾出過單行本，研究此種方法的人很多。上至大公司的老闆、下至中小學生，對象無所不包。面臨司法考試、稅務考試、大學聯考等重重難關，很多人爲提高記憶力與集中力，拼命鑽研印象控制方法。

對於這些人，在進行印象控制方法之前，我都會一一詢問他們自己的目標是否確定。

「我們的目標已經確立」他們都異口同聲說，「我們的目標就是希望通過公家考試」。

也許是我說明的方法較差。我要他們確立目標的目的，主要是希望他們能眞正了解自己想學習、研究的目的是什麼。如果他們回答：

「我想成富翁。」

「我希望別人肯定自己。」

「發揮自己獨立的思想。」

我就不需要教導他們關於當律師、辯護律師等方法。

亦即當目的和手段能具體而清楚的區別後，就可實行達成目的的潛在能力，再加上某些學習的要點來配合。關於此點必須設法具體的究其道理，因目的和手段是可以清楚地區別開來的，所以在準備考試期間，不要爲準備考試的艱苦所挫敗。

「這不是與個人的性格有關嗎？」

「難道沒有更好的工作嗎？」

也許會有人以此不安的口氣問起。只要你能發現那個職業最適合自己，就可以發揮記憶力與集中力。因爲了解自己所需後，會產生強烈迫切的感覺，此時才能發揮自己本來的記憶力與集中力。

提高記憶力與集中力的印象控制方法

其次所進行的是，練習如何放鬆自己並回憶過去美好的印象。因爲描繪未來的美好印象，往

我將來的計劃

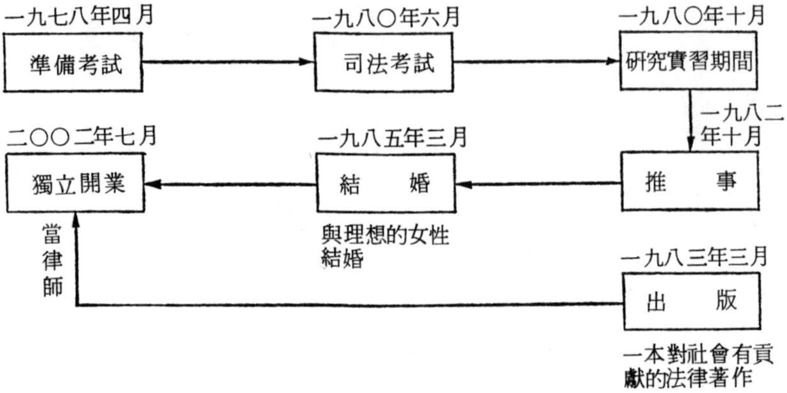

往無法達到圓滿的結果。

例如「希望成爲開業律師，討一位美麗的小姐當妻子……」描繪如此美好的印象，卻始終未能如願以償。尤其在剛開始進行時，都會有挫折感。我們不妨以階梯式的方法書寫計劃程序，同時貼起來隨時警惕自己這種效果將會提高許多（如表）。除描繪美好的印象外，每天還要像做白日夢一般瀏覽一番，就可與日俱增的提高記憶力與集中力。

一九七九年初，早稻田大學四年級的N小姐希望將來成爲律師，她和希望在一般機構任稅務員的T小姐，兩人到我研究處學習印象控制的方法。

兩人均以明年能考上公家考試爲目標，學習增強記憶力與集中力的方法。

因爲她們已確定目標，加上印象控制方法的

效果良好，短時間內集中力與記憶力急遽增加。

練習三個月後，她們兩人異口同聲告訴我：

「連續讀好幾個小時，腦筋都不會疲勞，並且可專心集中精神唸書，記憶力也變得很強。剛開始對印象控制方法感到懷疑，現在才知道是助益無窮。」

我們閱讀自己所喜歡的書、小說，或觀看喜愛的電視節目時，是否也感到有點疲勞呢？事實上我想大多數人都不感覺累，甚至看了幾個小時也無所謂。

如果準備公家考試，也能和看小說、電視節目一樣，那麼考試將是輕而易舉的事。像林肯的成功，就是因爲他擁有敏銳的記憶力所致。

N小姐結束三個月的印象控制方法以後，回答了以下的問卷調查。

①即使讀很長的時間，也不會感到疲勞。
②將惡劣的印象變成好的印象。
③對考試不會有煩躁不安之感。
④芝蔴小事不再斤斤計較。
⑤心情變開朗。
⑥臉上經常掛著微笑。

N小姐最近參加考試及格了。原因何在？因爲她已學會如何提高集中力與記憶力必要性的因素，所以印象控制的方法，由以上的問卷調查結果可以明白。

第二章　記憶和集中的機構

如何使用具體的方法來訓練，才能提高記憶力與集中力呢？本章在進行此訓練方法之前，先將司記憶力與集中力的大腦機構內容解說。

本章可說是提高記憶力與集中力的序章。若你理解本章腦的構造，在以下第四章敍述如何提高記憶力與集中力的方法論中，必能充分了解。

1 腦的機構

偏佛實驗

「我聽到那條河邊傳來男與女互相呼喚著的聲音。」

「這條河是我孩提時候經常來的地方。」

「我又聽到非常熟悉、活潑的聲音，好像以前那位女友在呼喚我。在木材堆積場……」

「好像眼前所發生的事一樣。」

以上是加拿大蒙特利大學醫學院所做的實驗。亦即腦外科醫生偏佛博士，很早以前對患者施行的實驗。

偏佛爲了說明「記憶組織」，想出一個巧妙的機構。就是用電池將兩根白金線連接起來。將

▨偏佛的實驗

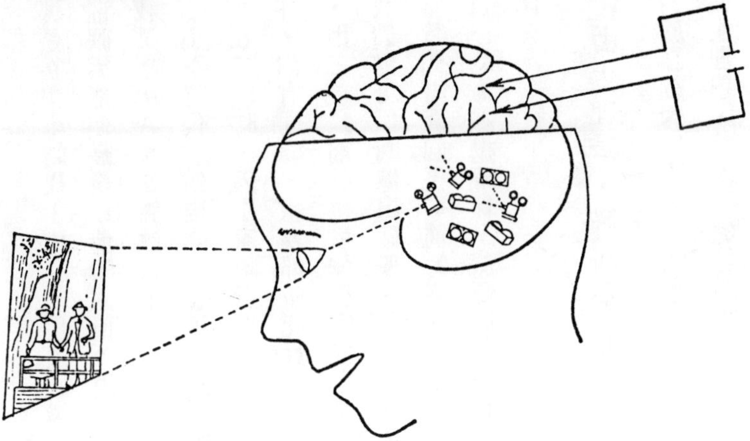

即使是過去忘記了的經驗也能清楚的回憶出來。

前端用來接觸手術前的患者所露出腦，進行反應的調查。

結果令偏佛驚訝的發現是，在我們一〇年、二〇年前發生的事，可以清楚的記憶在腦海中，而且絕對不會忘記。亦即只要交予他特殊的方法，即可回憶過去的事。不管在散步途中、說話最熱烈時，甚至連忘記的人，均能立刻想起來。就像偏佛所做將電流由外部傳至腦部，都可以把當時的情景，鮮明的回憶出來。

▨三歲時的記憶均可重視

「媽媽，好可怕喔！汪汪！好可怕！」

這是一個二十一歲的大學生口中的話，就像三歲小孩子一樣說出這樣的話來。

那是在學生時代，當我使用催眠術在同學身上做實驗，證明催眠術能使幾歲以前的記憶重現。

那是在學生時代，當我使用催眠術在同學身上做實驗，證明催眠術能使幾歲以前的記憶重現。

我讓學弟A坐在實驗台上，回憶現在↓高中時代↓初中時代↓小學時代↓幼稚園……等，過去所發生的種種事情。

A在三歲時，因住家附近有一條大狗靠近他而害怕，除A以外，尚有同學、室友都做此實驗，也能回憶起三、四歲的事，但三歲以前的事就無法回憶出來。

我們也可以回憶出做夢、散步、許多以前發生的事。

當我們打算回憶從前的事，除了在大腦中將自己的意識拋下外，還要把過去的記憶稍加保存。

由生理學、解剖學來看大腦

對於詳細的敘述，專門書上有報導，我們僅從生理學、解剖學的結構來略知大腦的

神經鍵和神經細胞

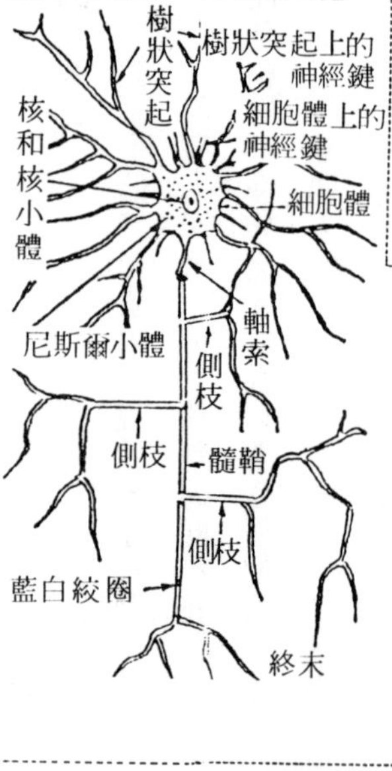

人類大腦皮質

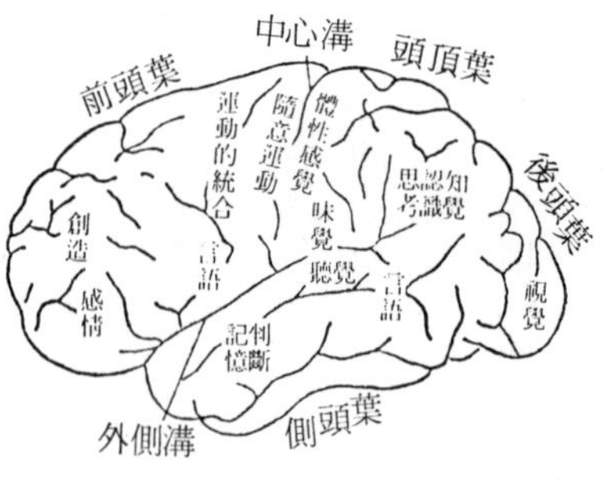

情形。

我們大腦的記憶裝置如圖所示，由神經細胞、腦細胞大約一〇〇～一五〇億個結構而成。這種以神經細胞所突起的樹狀頭，和另外神經細胞樹狀突起處一邊交叉、一邊叉和其他神經細胞交叉的交點叫神經鍵，每一個神經細胞約有八〇〇〇個神經鍵，其基本作用是司我們記憶的機構。

此種神經細胞之境，乃以神經纖維彼此連接起來，而開在左右兩半球。鍵與鍵之間流著電流作用，亦即我們精神活動與記憶、集中活動之處。

2 發明火箭的天才家——福恩布朗的體驗

刺激肉體的、生理的變化

「頑皮的小鬼！不要跑！」

「啊哈哈……我在這裡。來吧！警察先生！」

「你想從屋頂上跳下來嗎？小鬼！」

這是美國阿波羅宇宙衞星研究的先驅者福恩布朗，在十四歲時發生的事。他經常做各式各樣的實驗。他將自行車的輪胎點上火，使它爆炸，產生火花，讓車速更快，終於完成自行車式的火箭。

福恩布朗在人行稀少的貝爾林街上，點上火花，並大喊：

「跑、跑、跑、快跑……」

轟大的巨響使自行車不斷飛躍地前進。做此實驗後，他反覆思考，終於得到結論。

此時，因他大聲的叫喊，引來警察先生的追趕。他跑了一陣子，最後還是被警察抓住，並被訓了一頓。

自從被告誡以後，卻使頑皮的福恩布朗的大腦引起刺激的感覺，此刺激帶給他肉體的、心理的變化。例如：

「在自行車的輪胎點上火花之前，他是如何萌起此種念頭。」

「破裂火花聲和閃光。」

「火藥爆發所引起的震動。」

「警察先生瞪著眼，叫喊他的表情。」

「你這小鬼的叫聲。」

此種外來的刺激，透過眼睛、耳朵、皮膚來傳達。在不知不覺中，他作實驗的緊張心情、或被人發現有趣的行爲，以及火藥爆發時的快感，從他的身體及內心湧上來。

諸如此類，我們的身體因外來的刺激，引起肉體的、生理的變化。

心和身體的連繫

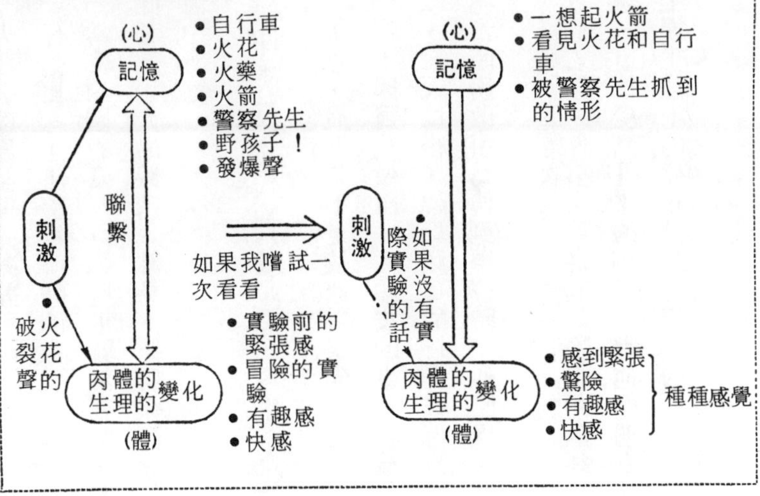

在孩提時，往海或河邊的途中，當我們想偷摘西瓜田、蕃茄田的果實時，會考慮到一旦被人發現的情形。手上拿著西瓜、蕃茄時，附近傳出卡喳聲或人聲，心跳將會跳動加快，且由於太過緊張手上直冒冷汗。又聽到「你這野孩子！」時，心臟像爆發似的迸了出來，脚步飛也似的向前跑。

情報必須記憶

當我們身體上發生種種變化時，心、頭腦中究竟會引起何種變化，值得探討一番。

福恩布朗體驗刺激所帶來緊張感，在其腦中想著：

「點上火花使自行車迅速轉動。」

「點上火花後就能快跑。」

「警察追趕的樣子。」

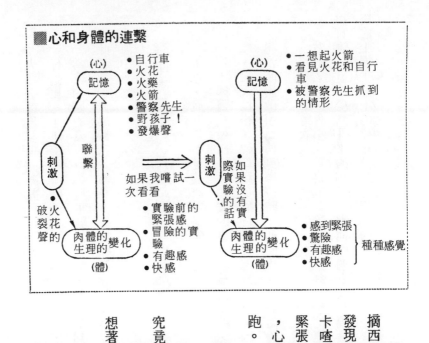

「火花引爆後發出碰碰聲。」

「你這野孩子！警察叫喊的聲音。」

「當時周圍的氣氛」這些事雖然我們沒有意識到，但我們卻能記住。

此種透過人的眼睛、耳朵、肌膚來傳達外來情報消息的作用，儘管本人未曾意識，卻可記憶在腦海中。

即使沒受到刺激也會發生變化

「福恩，最近是不是挨過警察先生的斥責。」

「唉！因爲我做了一件頑皮的事，我被他怒吼，可是那個實驗實在有趣。」

二、三天以後，福恩頑皮的行爲被傳到學校，因爲他的壞朋友貝爾格向校方告狀。雖然如此，福恩當時所做所爲傳到學校時，他回憶起實驗時愉快的心情，其內心湧上的興奮感，十分熱烈。

我們若做一件事，可從其經驗中回憶到身體的變化、大腦所記憶的事。像福恩一樣，他做一次實驗，直接受到外來的刺激。當他與朋友談起經驗時，也能在不知不覺中起同樣的變化，亦即肉體上與生理上的變化是息息相關的。

刺激可喚起記憶

以火花當作火箭的實驗之後，福恩布朗清楚的憶起學校的事情。由於他太過頑皮、搗蛋、數學成績低落，恐會遭留級之虞。今天因爲遲到，授課老師要他補課。此時他腦中已完全忘記火箭之事。

但是，放學途中，他突然在街角聽見碰碰火花和火藥的爆發聲。於是，他又回憶起充滿冒險、頑皮的事，而自言自語的微笑，同時決定再繼續作實驗。

在此情形下，將腦海中記憶的事、情報與身體的變化連結起來，加上外來的刺激，連身體的變化也被喚回來，甚至和剛才完全相反的反應也被喚醒。

因此，冬天的早晨起床後，當皮膚接觸到嚴寒的空氣時，一瞬間感覺到天氣變冷，此時回憶過去遭嚴冬侵襲的感覺，就會有在火爐旁取暖的動作。

以上的種種概念，需要我們對人類大腦結構作一探討，因爲人類的大腦結構是隱藏我們想知道的記憶與集中的關鍵之鑰。

3　腦究竟是如何活動

加上外來的刺激與無條件發生變化

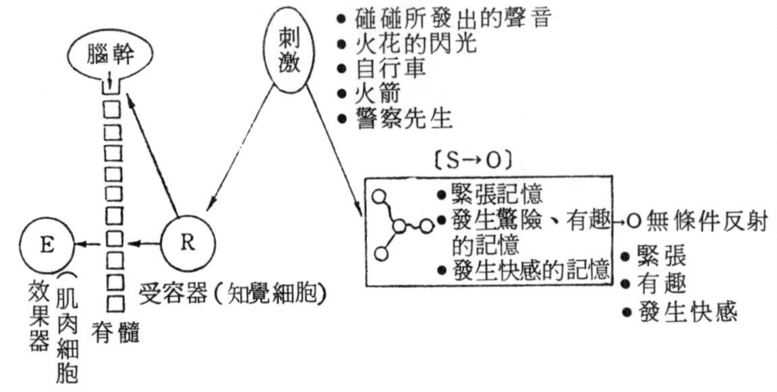

腦中有五個任務

我們以福恩布朗的例子詳加分析。

①無條件反射

•「實驗前四周安靜」「碰碰」所發出爆發聲、「野孩子！」警察先生的叫喊聲，由皮膚及耳朵傳入大腦中。火花的閃光、自行車、街道兩旁的人物情景、警察先生的表情均由眼睛傳入大腦中。

•刺激透過神經傳達至大腦中。

•從大腦處反覆向身體傳達命令的信號。例如：「緊張」「發生驚險」「發生快感」等信號。

•身體上也開始發生肉體上、生理上的變化。例如：「緊張感」「感覺到冒險且有趣」「感覺快感」等變化。

類似此種變化，外來刺激加上無條件發生的自然反射。

舉例來說，當吃了酸的食物會不由自主地產生唾液、皺眉頭。寒冷的嚴冬，皮膚接觸空氣，毛孔會自動收縮並起雞皮疙瘩。

我們的身體，在接受外來的刺激時，會引起無條件的變化。將此變化的指揮信號傳送至身體各部分，又因為刺激產生變化的指揮，Stimulus → Output 簡稱〔S→O〕。

此部份相當於人腦幹、脊髓結合的神經系。

〔生命力〕

剛出生的嬰兒會呼吸，當他受到一點傷害時，亦會有所反應。或當我們接觸到熱時，手會立刻縮回，使燙傷減至最低程度，都是反射作用。

但是，不管是嬰兒或成人，在接受到刺激時，都絲毫不具備意識的。反射作用只不過是為保持生命所產生的自然動態而已。

人或其他動物從出生開始，就有一種維持自己的狀態、保存生命力的本能。此能力亦即生命力。一般人認為此能力也包含在〔S→O〕中。

妊娠之後神經系的發達

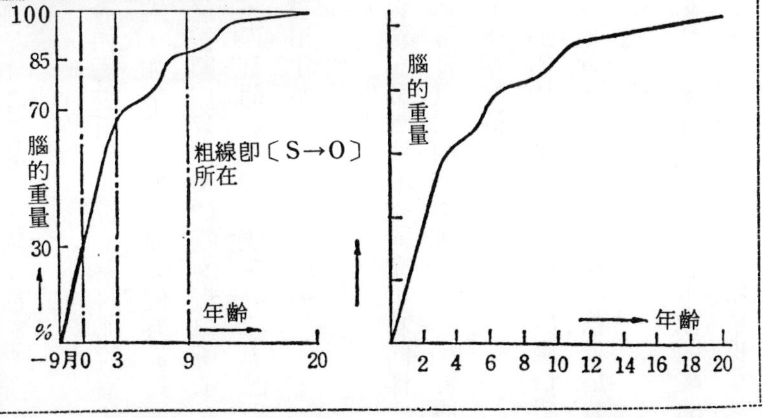

▨條件反射

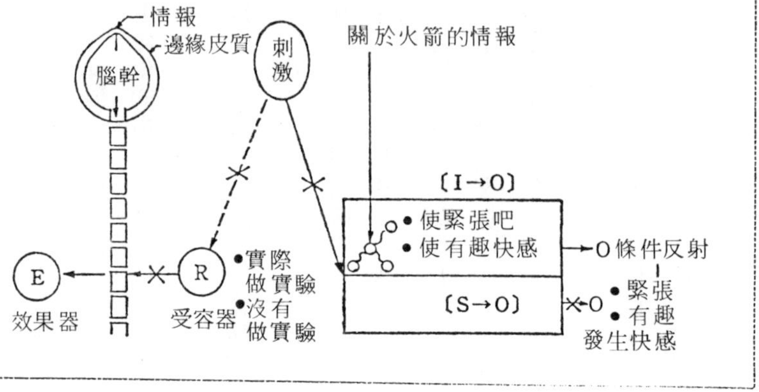

根據中山正和所著『創造工學概論』創造工學研究所中，有一段話指出：

『人類腦部的發達情形如圖表所示。新生兒頭部的重量約三七〇～四〇〇公克左右，如果將妊娠期間九個月延長來看，從〇歲至三歲的傾斜度按順序延長，如圖的粗線所示。〔S→O〕部分雖然很大，但腦的重量卻可能只有〇～四〇〇公克左右，發達部分約占出生時的三〇%。』

②條件反射

一個人在受過一次燙傷後，便會小心地避免再犯同樣的差錯。也就是說人類有過無條件反射的經驗後，下一次再遇到同樣的刺激時，身體會產生預知的警惕。

一旦得到即將和刺激有關的情報消息時，就會因應情報消息傳達信號，傳至身體各部分，使身體起變化。根據情報做條件反射回路（學習回路）而產生作用。

進行此任務的部分，從得到刺激情報時，將可能因應的刺激變化信號，傳至身體各部位。情報消息為使印象更為深刻，所以此部分成爲 Image → Output簡稱〔I→O〕。

〔I→O〕部分，乃是在無條件反射發生之後才開始起作用。

亦即有過一次的經驗後，可得到有關火箭情報消息（火箭、火花、碰碰！）的印象，會傳送入身體產生「緊張」「有趣及快感」的指揮信號。

必須注意，根據身體本身記憶中的情報消息，由〔I→O〕送來的指揮信號，加上實際的刺激，亦由〔S→O〕所傳送的指揮信號來判斷、設法確定。〔I→O〕是人類的邊緣皮質（舊皮質）。『腦的發達曲線（如圖）從出生時（○歲）至三歲爲止部分來接受〔I→O〕機能的地方』（中山正和『創造工學概論』）。

③④情報的記錄與保存：印象情報・語彙情報

三到四歲時，就能將有關刺激的情報消息記錄、保存。

當我們回顧周圍，情報大致可分爲二大類：

一是透過眼睛、肌膚的知覺，認識印象情報。

例如「火花的閃光」「自行車」「警察先生的表情」「爆發引起振動」等。

二是透過耳朵傳達聲音的語彙情報。例如「火箭」「自行

■腦的發達曲線

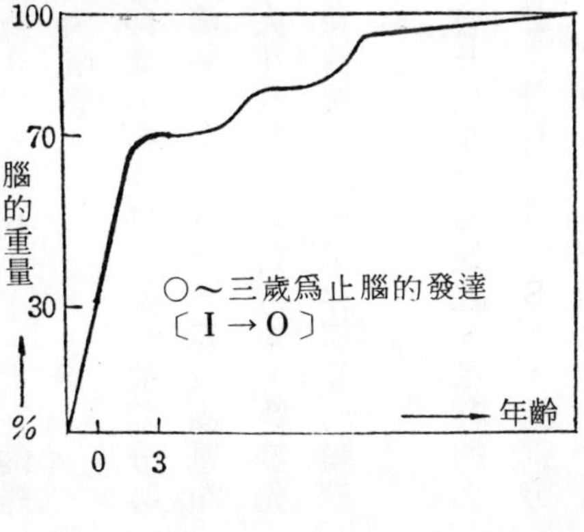

■情報的記錄和保存

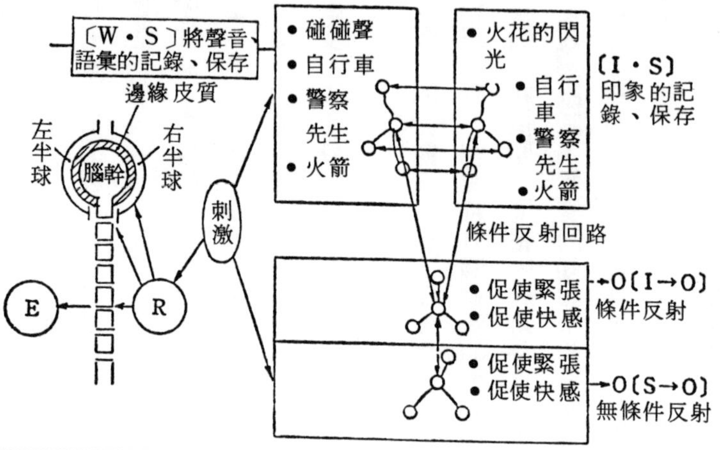

車」的語彙，「碰碰！」「野孩子！」火花的爆發聲及警察先生的大吼聲。

此聲音均能將印象情報記錄、保存的部分叫 Image·Storage 簡稱〔I·S〕。若以福恩布朗的例子來看，「火花的閃光、自行車、警察先生的表情」有關印象情報記錄、保存部分均屬於〔I·S〕。

另外，進行聲音及語彙情報記錄、保存的部分是Word·Storage 簡稱〔W·S〕。此部分將「火箭、自行車、碰碰聲」關於語彙的情報記錄、保存。

〔W·S〕〔I·S〕均是記錄、保存情報的圖書館，至於〔W·S〕和〔I·S〕有關連之處，乃〔W·S〕的語彙情報，喚起〔I·S〕印象情報的一種索引。「火箭」的印象中有「火箭」語彙，「自行車」的印象中「自行車」語彙，分別納入索引中互相重疊記錄、保存。因此我們談到「火箭」、「自行車」，與此二物有關的情報立刻重現在腦海中，並了解其意義。此部分相當於人類的大腦兩半球，〔I・S〕表示右半球、〔W・S〕為左半球。實際上，右半球司印象、左半球司語彙的相對地位，右半球能將語彙記錄下來、左半球亦能將印象記錄下來。

但是，思考方面則以〔I・S〕司印象、〔W・S〕司語彙來分別。『腦的發達曲線』可由圖中粗線部分得知，此曲線如圖所分析。

亦即人類的記憶在出生不久後就出現，而記憶急遽發展時期，卻是從三歲才開始。通常三～四歲以前無法記憶。完成記憶是在九歲時。

我們的身體，如以上所談到的此種結構。加上刺激，〔S→O〕指揮信號傳送至身體各部分，引起無條件反射。同時〔I・S〕〔W・S〕將情報記錄、保存。情報與條件反射傳送至身體各部分的指揮信號，和指揮部分〔I→O〕連結起來。

此乃思考的要點。第一次結合在一起，下一次可回想起〔I・S〕〔W・S〕的記錄、保存情報，做出條件反射的〔S→O〕情報，並可由〔I→O〕指揮信號傳送至身體各部位。亦即〔S→O〕，加上刺激，可由〔I→O〕記錄保存情報，再指揮信號傳送至身體各部位。

我們所談到的〔I・S〕和〔I→O〕透過身體體驗結合為一，〔W・S〕和〔I→O〕則未必透過身體體驗。

例如火箭實驗，「火花、自行車、警察先生」等印象情報，可將肉體上所產生的緊張、快感等指揮信號傳送至由〔I→O〕結合〔I・S〕的記錄、保存，「火花與自行車」由「火花與自行車」的語彙連結在一起，亦即〔I・S〕與〔W・S〕結合在一起，乃是在體驗以前就形成。

小孩子第一次吃檸檬會有酸的感覺。其後，曉得檸檬是長圓形。此時，〔I→O〕所管理的「流口水、皺臉皮」信號指揮部分，和〔I・S〕的「檸檬是長圓形、黃色」的印象事先結合在一起。然後再和〔I・S〕與〔W・S〕的「檸檬、長圓、黃色」等語彙連結起來。體驗以後的〔I・S〕與〔W・S〕就結合在一起。

如果我們加以整理，可看出〔I→O〕與〔I・S〕直接結合。〔I・S〕與〔W・S〕直接結合。〔I→O〕與〔W・S〕雖有直接結合的情形，但是以〔I・S〕

腦的發達曲線和〔I・S〕〔W・S〕的形成

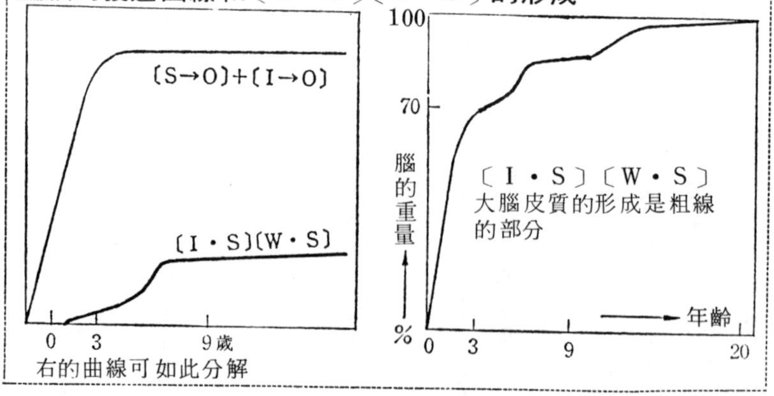

為中間媒介來連結。

⑤情報的處理

情報大致區分為印象、語彙兩種。在我們的記憶中，語彙和文字的情報，不如印象的情報來得壓倒性的多數。

創造工學研究所所長中山正和估計，顯示記憶中語彙的情報量與印象的情報是一比一〇〇〇。

此點可由以下得到證明。例如：對「花」的語彙，記憶中的印象有「玫瑰花」「百合花」「蓮花」……等；「白色花」「紅色花」……等；「大朵花」「小朵花」……等。

加拿大一位英文學者馬拉克爾，將語彙與印象的差異「使用收音機將一位始終聽收音機的六〇歲老人，和每天看電視的六歲兒童」相比較。亦即在收音機的全盛時代，六〇歲的老人，主要透過耳朵得到情報消息；在電視機的全盛時代，六歲的兒童主要透過眼睛得到情報消息，兩者的情報量大致相同。

語彙與印象的差異，是根據我們對事情的記憶力、行動的意願，使用語彙與使用印象之下，決定大的差異。

我們之所以能過著人類的生活，主要乃因我們能將記憶情報以自己的意志，自由操作運用，配合情報作有系統的組織。因此，對事情的處理多以理論性來做考慮，並且辨別是非善惡，以此

▨理論、判斷、意志

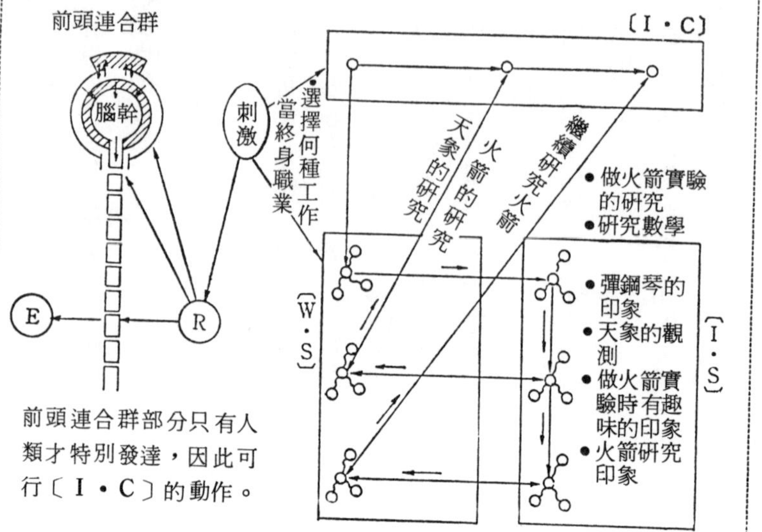

前頭連合群部分只有人類才特別發達，因此可行〔I・C〕的動作。

為原則做意志性的行動。

我們以福恩布朗的情形學例來看。

・「我必須確立人生的目標。究竟哪一類工作才適合我？我希望做什麼工作？」有此想法後，立刻可回憶到過去曾經驗的事。

・當回憶到的情報中，由於唸了數學和物理、與朋友進行棒球和網球的運動、彈鋼琴和小提琴、製作望遠鏡以觀測天象、自行車點上火花做火箭的實驗等大量情報吸收進去。

・以這些情報為基礎，可稍為將以上的情報內容加上思考。

・例如：可思考天象的觀測、火箭實驗之事，在不知不覺中想像出冒險時的有趣感、緊張、快感。

・成為數學、物理研究學者或小提琴家也不錯，而我是否能一輩子從事火箭研究工作呢

腦的發達曲線與〔I‧C〕

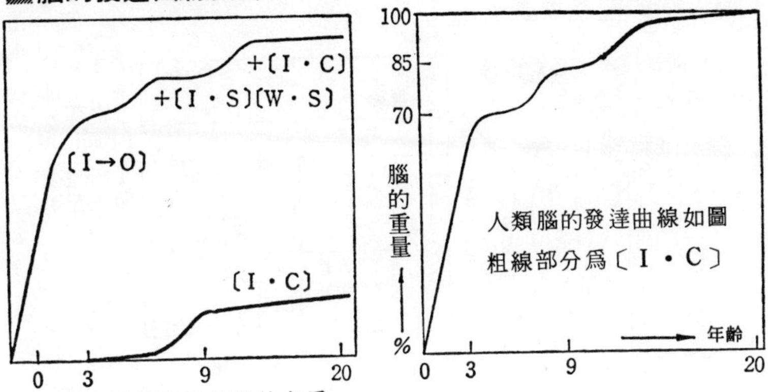

若謹以右圖粗線部分另外來看，則發達情形如左圖。

？

人類即是因爲有此一般性的想法後才會有行動。人類以外的動物不具一般性的想法，所以無此行動。

如此，人類進行人爲意志行動時，我們必須以印象操作部分進行Image Control簡稱〔I‧C〕。

『擔任〔I‧C〕的是前頭葉前部的〔前頭連合野〕。在人類腦的發達曲線中，〔I‧C〕部分一般認爲是圖右的粗線部分。

實際上的部分如左圖，印象從四歲產生，九歲達到急遽的成長。因此，九歲以前的兒童就像「時光流逝」，對於抽象化的記憶是無法理解的。且對於未來也無法用印象控制方法，便不會對未來的幻滅而演變成自殺的行爲。

人類的行爲，有〔S→O〕〔I→O〕以及〔I‧S〕〔W‧S〕等，一旦過了三五歲就逐漸衰退，唯〔I‧C〕部分只有稍爲的退化，至死爲止仍然持續的發達。超過三五歲以後，頭腦思考方面，一般認爲它是比較注重理

人腦的電腦模型

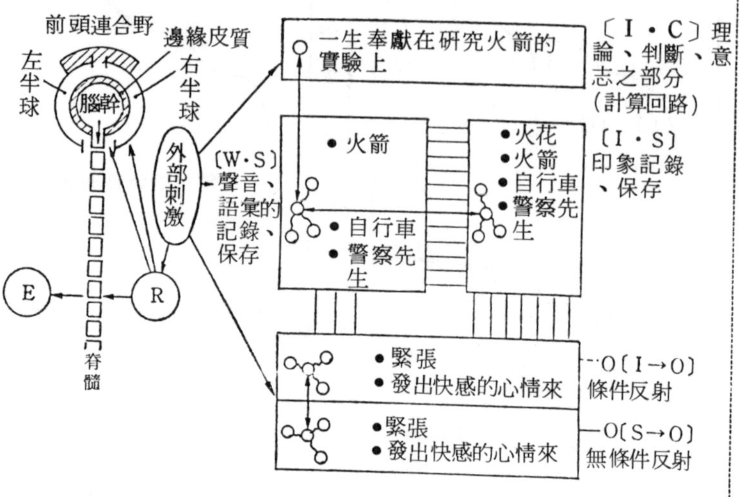

論性的思考。』（中山正和『創造工學概論』）。

人腦的電腦模型

依現在的解剖學、大腦生理學的看法，人類的構造未必就像目前一般人所認爲的結構而形成。

若要加以研究，人類腦的動態可以充分說明。了解人類結構之後，可想像到人的機能是多麼微妙。

我們可將人類想像的機構（Human Brain Computer Model），簡稱爲HBC。此種模型乃創造工學研究所所長中山正和所想出來的，其別號爲中山模型。

4 記憶的任務

功能為記憶

人腦比照印象來進行身體動態。

敍述「人腦、電腦模型的問題。此點……？」一定會有讀者產生疑問。但當你了解答案後，就會有「原來如此，我原來就有此種想法，果眞是如此。」等新奇的感受。

因此，我作了以下幾個實驗。諸位若想知道解答、得到印證，一定要親自嚐試看看。

準備材料：二五～三〇公分的木棉線，且在一條木棉線中穿過一個五元硬幣。在圖畫紙上描繪一個直徑約一〇公分的圓，從圓心到周圍處畫一個十字線。

將方才的木棉線上所穿的五元硬幣，做一個擺，如此準備就完成。

①首先將擺輕輕的捲在食指上，再用拇指尖輕壓捲處。然後把五元硬幣放置在圖畫紙上描繪十字形二公分處。

②優閒的坐在椅子上，全身放輕鬆，靜觀五元硬幣，可將肘放在桌上較容易做。

此時你可以觀察肩力是否已放鬆。

心情是否已沈著。

③一邊看著五元硬幣，一邊回憶起五元前後搖幌的印象，當你回憶起五元搖幌的印象，就可以想像到鞦韆的印象（可以張開眼睛想像）。

是不是動了，還是未動，其他的事可以不必想，只回憶此印象。

接著，將五元硬幣前後稍搖幌，當搖了幾次後，再回憶前後搖幌的印象，持續描繪五元硬幣搖幌的情形。

相反的，再回憶五元硬幣靜止時的印象。接著，再回憶五元硬幣搖幌後逐漸變靜止的情況。描繪呼吸、心情沈著平穩時的印象，在十字形圖畫紙上靜止的情形。

左右搖幌也持續左右來回選擇。

有九九％的人都可以做得很好。習慣後，可將五元硬幣放入茶杯中，茶杯裡搖幌三次後靜止，甚至可想像到向前搖幌二次的情形，及繼續向後搖幌一次的情形。

▨印象情報是促使記憶力和集中力增強的秘密關鍵

此實驗由發明家夏巴雷（一九世紀奧地利化學家）所發明，又稱「夏巴雷的擺子」。

我們做五元硬幣搖幌的理由，諸位該已了解。迄至目前爲止所受到外來的刺激，我們均可用手和手指以前後左右迴轉方式做好幾圈。例如嬰兒時，我們會將手上下擺動、蹣跚走著、打電話時能撥電話號碼。

此時手和手指有關的動作即為印象情報，雖本人絲毫未知，但記憶卻在腦海中。同時此印象情報與身體的動作結合在一起。因此我們若能回憶記憶，則自然身體當時的變化可再度重現。

亦即五元硬幣前後搖幌的印象浮現時，手指與手腕的肌肉和意志無關連，卻仍然擺動著，此結果與五元硬幣前後搖幌的情形一樣。

然而，此實驗須由二人以上來做較適合，因每個人的搖幌方法均有差異。搖幌大的人、搖幌快的人，甚至根本不搖、或雖搖幌卻很微小，均有各別差異。

此差異究竟為何？

我們可試著看其結論。原因之一，以過去的經驗與學習來決定。心和身體的學習回路有粗細之差。如經常打電話的人，即可使用右迴轉的動作。

第二原因，我們可試著想想看對印象集中的程度如何。即使有再多的經驗，「當我們一想到稍微一碰不就動了」、「有什麼意識」，若你有此想法，就可以搖幌了。

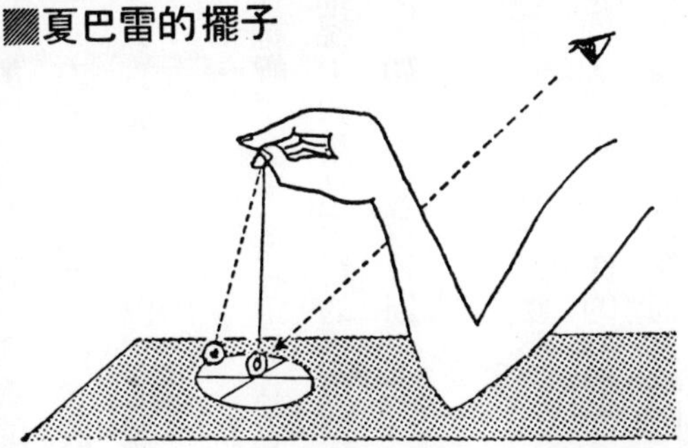

夏巴雷的擺子

心的動態出現在身體部位

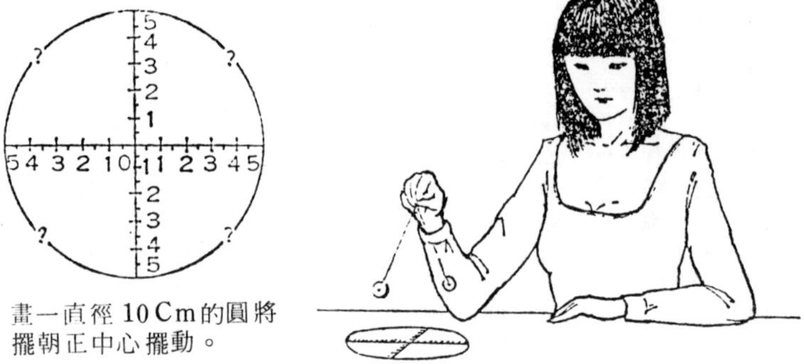

畫一直徑 10Cm的圓將擺朝正中心擺動。

將此二個原因結合，五元硬幣動態大小差異就出現了。

再將實驗做更進一步的研究。

我們心的動態，是如何表現在身體表面。

我們可將前面實驗所使用的圖畫紙上圓內所畫的十字形，在前後方向寫上「十」、左右方向寫「一」，圓中心及圓周寫上「？」的記號，其實驗方法如夏巴雷的擺子方法一樣。

①首先將五元硬幣前後搖幌，如果是肯定的意思則記上「十」將五元硬幣前後搖幌；如果是否定的意思則記上「一」將五元硬幣左右搖幌，如果不知道時則記上「靜止」將五元硬幣做迴轉擺動。

②將肩部放鬆，心情沈著平靜看著五元硬幣。

③可靜靜回憶特定的東西，將自己工作的神情回憶。

④如果喜歡自己的工作，將五元硬幣作前後擺動。若討厭則左右擺動。沒有特殊的偏好，則可做靜止或繞圈子

擺動。

此情形並非進行前後或左右擺動的行爲，而只是作前後擺動的回憶。

——以上是當我們回憶印象時，配合身體變化的指揮信號來傳送。實際上是記憶力與集中力秘密隱藏之所在。

偉大的印象記憶力

一般認爲只須看手指的肌肉擺動，就能推測出誇大的話。

但你可以試著做實驗。在實驗後可由圖中每二人爲一組進行實驗。由一人站在另一人的五～一〇公分處，且扶著前面倒過來的人，但此做法必須靠在後面有牆處。否則倒下去會引起腦震盪。

①首先，朝牆二〇公分處，可將兩足脚尖、脚跟互相平放在地上。

②兩眼靜靜閉起來，放鬆體力，作深呼吸使身體保持沈著穩定。

③其次，在回憶自己身體搖擺的動態時，想像鞦韆搖幌動作爲最佳狀況。除使身體有意識性的擺動外，可回憶前後擺動的印象。

④接著，使身體稍微前後擺動。配合擺動可持續描繪印象，使身體像要倒下去的搖動。

相反的，我們亦可靜止，回想挺直時的印象，使身體的擺動慢慢緩和下來時的靜止狀態，此

後推法

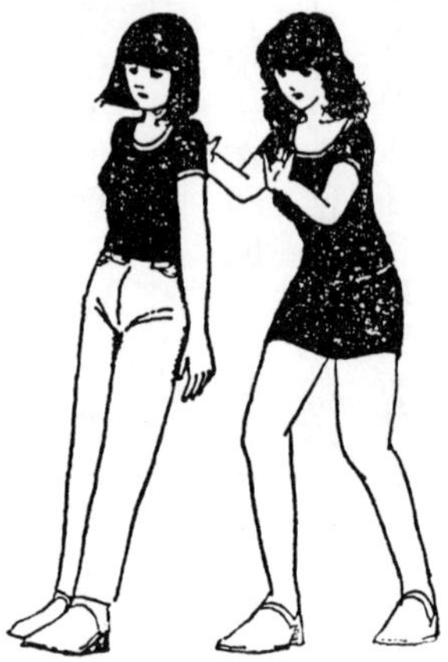

一邊在回憶印象一邊使身體擺動。

時左右搖動、身體旋轉等印象，也在不知不覺中浮現出來。

⑤最後，可想像身體向後方倒下來的印象。身體若感到有向後倒的感覺，就會自然向後方倒。

其理由是依據夏巴雷的擺子道理。在短時間內回憶印象，可使身體產生變化。而本人的意識是在無意識下產生印象。如我們聞到油漆味時，就會有掩鼻的行爲，當你想到煩重的工作就會胃痛；自己喜歡的事即使有任何的困難也覺得很輕鬆；一大早遇見心愛的人後，相信當天的心情一定十分愉快。

語彙和印象的差異

當我們開始接受印象和語彙時，是否會探求語彙所扮演的角色爲何？

如前所述，夏巴雷擺子的實驗，使用語彙將五元硬幣擺動，只將左右搖動即可，五元硬幣不能做左右搖擺。

如此，記憶頭腦中的情報，與其說語彙不如說印象方面和身體上有密切的結合（根據中山正和的估計，語彙的情報與印象的情報之比為一比一千）。

亦即，與〔I↓O〕連結的〔W·S〕和〔I·S〕，以〔I·S〕和身體的連繫較直接。

實際上出現的差異至何種程度。

根據東洋大學文學部教授恩田彰氏，以語彙的記憶和印象的記憶，所帶給身體的影響作一次實驗。

使用五元硬幣的擺子，作一分鐘左右回憶搖幌的印象。此時「由一三人組成的小集團，作擺子前後左右搖幌的語彙」和「由一三人組成的小集團，想像前後左右搖幌的印象」，最好以男女參半來進行。其內容說明如圖。

回想印象小集團比語彙小集團，擺動的振幅大至四~五倍。

根據此資料，有印象力的人，對於身體的運動給予行動上的影響較激烈。

■如果沒有配合印象來進行則無法搖動

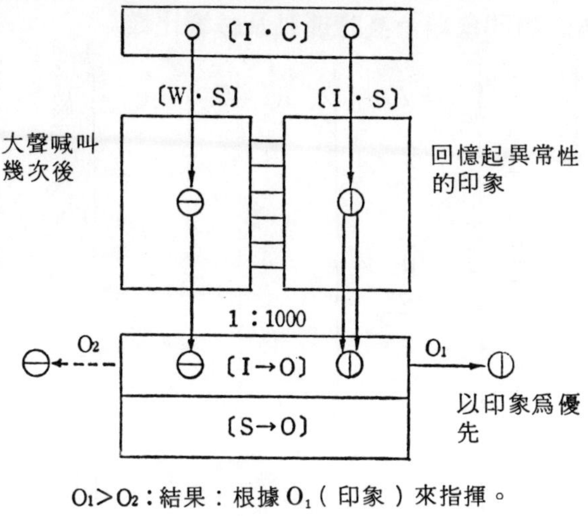

▨語彙和印象給予身體運動及影響比較

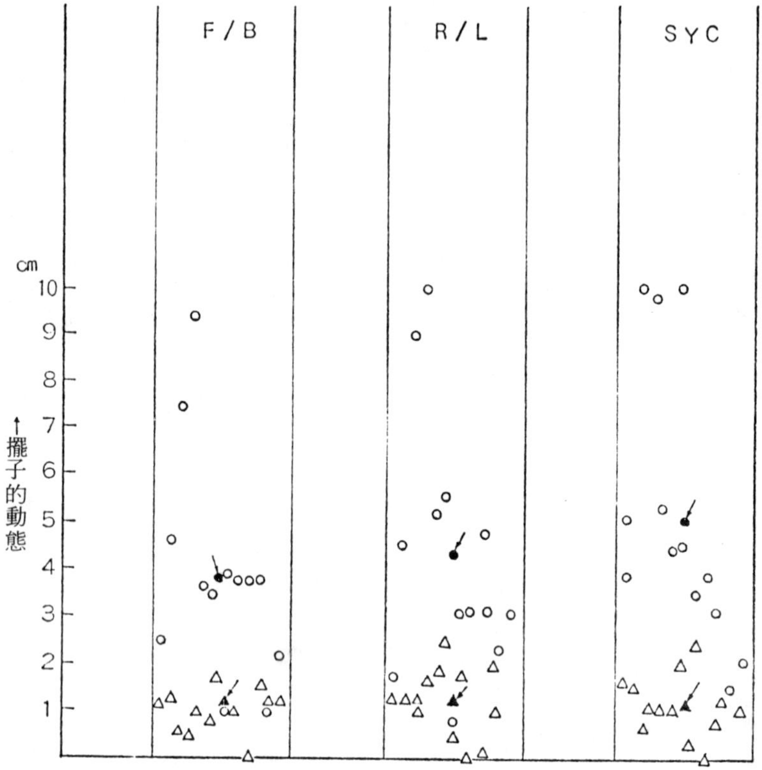

參考
①（○）有記號的表示應想起印象時的數值
②（●）有此記號代表平均值
③（△）有此記號代表在心中的語彙的數值
④（▲）有此記號代表平均值
⑤F／B代表擺動前後的情形
⑥R／L代表擺動左右的情形
⑦SYC代表順時鐘方向旋轉的情形

動態種的類	語彙擺動動態（振幅：cm）	回想起印象擺動的情形（振幅：cm）
F/B	1.17	3.85
R/L	1.21	4.36
SYC	1.08	5.17

將此兩種情形合併加以思考，如何提高集中力與記憶力的秘訣，在此當中隱藏如何控制印象記憶的秘訣。此關鍵究竟為何？請看下一單元「記憶與集中的功能」。

5 記憶與集中的功能

▨記憶與集中的基本

「有人問起你家的電話號碼時」

相信任何人均能迅速的將自宅的電話號碼告訴對方，但是當對方問及「田中課長家的電話號碼時」，你是否也能立刻回答？泰半的人均是如此。

「請等一下，我查查看。」

經常使用電話，尤其經常使用自宅電話，都能立刻想出自宅的電話號碼。但由於很少打電話給上司，即使看了也無法立即回憶，究竟是何因素？

係因腦細胞的突起部分，和其他腦細胞連接，且形成複雜的脈絡，來重組神經系統。此接著的部位叫神經鍵，透過神經鍵可將腦細胞連鎖，從下一個信號傳流至下一個。

我們如果打電話給朋友又有何種情形？例如：你會看小册子「四〇七－七九六六」記起電話

記憶的基本

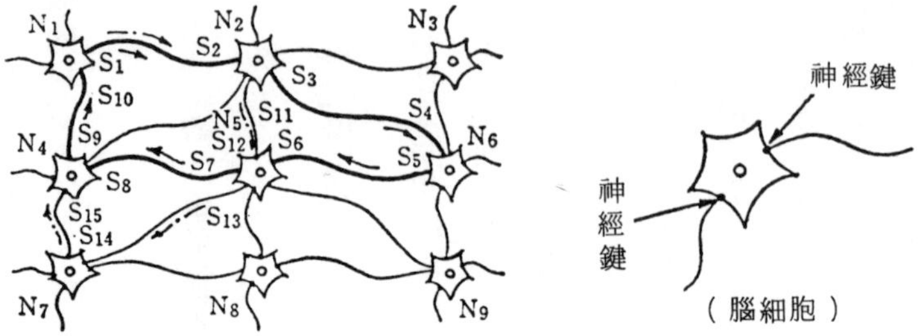

電氣信號一通過神經鍵的電氣抵抗變小。

號碼。撥鍵時你會一邊看小冊子，一邊撥鍵然後記住電話號碼。

在此情形下，腦細胞中的腦細胞群，由N_1→N_2→N_6→N_5→N_4間流傳電信的電流信號。即神經鍵S_1→S_2→S_3……S_{10}期間，產生閉回路，再將其間電信信號持續流傳。根據此情形可將（四〇七一七九六六）電話號碼數字記住。

但當打完電話，家人對你說：「該吃飯了吧！」此時你在別的神經鍵回路上流傳電氣信號。例如流傳S_1→S_{11}→S_{12}→……→S_{15}→S_9→S_{10}信號。接著，前所談的閉回路被切斷。

可是一說完後，你又突然想起「有話要講」，於是你會再度想打電話給對方，即使不需要看就可撥號。

在一次神經鍵上傳達的電氣信號，神經鍵向電氣的抵抗很小，而電氣信號能順利通過回路，亦即回路會殘留記憶痕跡。

一旦二、三天不看，又無法記起電話號碼，主要因素是隨著時間增加，神經鍵對電氣抵抗增加，神經回路無法通過電氣信號所致。語彙、記憶痕跡不斷消失而產生。

但是，自宅電話號碼一定不會忘記，因為其固定的神經鍵回路在電氣抵抗下，電氣信號易通過神經鍵回路傳達。記憶痕跡可清楚殘留。所以使我們可以隨時想起。

我們若將記憶與集中加以區別，如果同一閉回路上將電氣信號持續傳達的作業集中，其結果神經鍵回路的電氣抵抗值將會低下，亦即殘留的記憶痕跡即爲記憶。

HBC模型的〈I·C〉〈W·S〉〈I·S〉〈I→O〉〈S→O〉等，一般認爲可能會形成神經鍵的塊狀。

▨為何記憶與集中無法提高

「喬治、喬治。你在那裡？」

「什麼事？媽媽，我在這兒。」

「你又在那個地方看書嗎？也不來幫忙。」

七歲的喬治現在正迷戀於他最喜歡的書中，而忘了幫母親做事。

喬治生長在一個十分重視美術、文學、音樂的家庭，他喜歡讀書，每天不停的閱讀許多書籍。雖然才七歲，但已看過「天方夜譚」「灰姑娘」「白雪公主」，也看過「聖經」。十二歲時閱完拜倫的著作，狄更斯、亞歷山大、狄姆的小說，且讀敍利的詩集。每讀拜倫的詩便能牢牢記住。此乃世界上最偉大的劇作家、現代第一個辯論家喬治·巴拿特小時候的事。

▩〔S→O〕的動態1

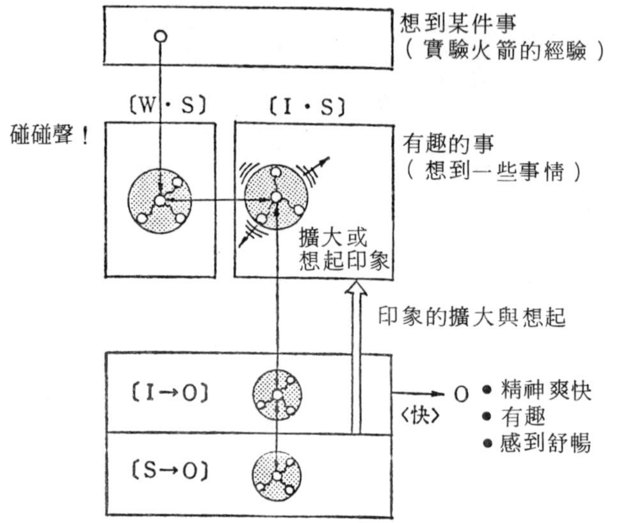

喜歡的事擴大印象。
…→結果就能集中、記憶。

十六歲時，他在不動產兼私人金融業會社工作，卻屢遭失敗。以致使他對工作全然失去興趣，而心裡却經常惦記著文學、美術、信仰學等。

於是，在工作時他常常忘記顧客所需要的用件、物品及工作內容。二〇歲時被公司開除後，即啓程往倫敦擠身於文藝界。

我們在進行職員教育與能力開發的工作時，經常聽到「我的記憶力與集中力不好，工作也沒有幹勁……」但是若仔細考慮，此人的記憶力與集中力真的衰退、喪失嗎？我想並不完全如此。

正如前面我們所說的，「對自己喜好的東西」就能從容不迫，例如：打痲將或自己喜歡的工作，即使通霄達旦也能勝任，所表現出來的記憶力與集中力的效果也令自己感到驚訝。

我們細加探討，記憶力也有相同的情形，讀書記性不好的孩子，卻能牢牢記住電視節目表。喜歡打麻將的人，對於複雜的點數及使牌的方法均能牢牢記住。難道能說他記憶不好嗎？

▨生命力的記憶和集中

我們已在「腦是如何動」的項目中，談到人類一生下來，就具有抵抗一切傷害的生命力。而維持我們生命力的健康與狀態，是由命座（S↓O）所組合而成的。如果，我們再詳加研究，可發現生命力對我們的記憶力與集中力有密切的關係。

生命力、記憶力、集中力之關係如下詳加說明。本書謹將特別重要的部分介紹給讀者。

▨快樂的印象可提高記憶力與集中力

當我們回憶起讀書、工作的印象記憶時，印象情報便會傳達至腦海中。在神經鍵間會傳達電氣信號，此時我們就會像「4　記憶的功能」所提過的，必定會在身體內部上重現。對自己而言，過去情報的狀態，若是感到眞正快樂的話，就會呈現出眞正快樂的狀態。例如：數學考高分，被父親誇獎會感到很高興。做火箭的實驗也會感到有趣。

具有以上的經驗後，你當時的快感、有趣感，自然而然會重現出來。若將此時的快感、有趣感捕捉起來，看肉體情形又是如何呢？

•肌肉會弛緩。

•心臟會平靜的做有規則跳動。

•體溫會上升。

•荷爾蒙均勻分泌。

當我們回憶此快感時會感到快樂，亦即我們很喜歡回想此事，由於很喜歡回憶此事，所以生命力就能使身體的狀態保持平衡，使印象層面更為廣濶的傳達信號（在神經鍵之間傳達電氣信號）至〔I・S〕處。

因此，在頭腦中會記憶很多情報。一旦回憶快感、有趣感時，生命力就是促使我們能想出有趣快樂的感覺。此時就可使記憶力集中，工作、精神變得有幹勁。

在柏林舉行的第十一屆奧林匹克運動會，贏得三段式跳躍冠軍的日本選手田島直人，其心路歷程如下：

田島的朋友或同學都搭乘電車、公共汽車通學，只有他為了鍛鍊阿基里斯鍵，每天步行上學。而且他不穿鞋，用脚尖走路。

記者獲悉此事後，問田島「每天持續此種訓練，想必是為了接受艱苦的磨練，而爭取勝利的意志吧！請你將秘訣告訴大家吧！」田島以非常平靜的神態說：「這根本不是痛苦的訓練行為，因爲我心裡抱定必勝的決心，所以便不停止的一步又一步的往前進。」

居禮夫人曾兩次獲得諾貝爾獎，在我們眼裡想像她必終日過著光榮的日子，但是，事實上，對居禮夫人而言，他未曾有過幸福的時刻。當記者訪問她時：

「不，那是不同的。」居禮夫人堅定的回答。

「——連地板都沒有的破爛家庭，一邊被貧困所逼迫、一邊致力於研究，居禮夫人卻認爲那時是她最幸福的時候。（居禮夫人和丈夫兩人，在古老的倉庫廢墟旁進行鐳的研究，最後終於研究成功了，並獲得一九〇三年及一九一一年兩度諾貝爾獎）。」

當我們聽到這則新聞，可想像到即使在過去苦難之後，也有很多事情會回憶起，那時的回憶就並不是痛苦的回憶了。

例如：早晨起床，就揹著球袋去打高爾夫球，或揹著釣魚桿去釣魚。至於打獵，其目的地必須經過山路，在寒冷的風雨中一邊發抖、一邊等獵物出現，對你而言這是痛苦的經驗或快樂的經驗呢？

對於許多喜歡工作或讀書的人，則喜歡工作或讀書，因其能吸收新知識，對他而言是至高無上的樂趣。

▨討厭的工作腦筋就無法運轉

■〔S→O〕的變化2

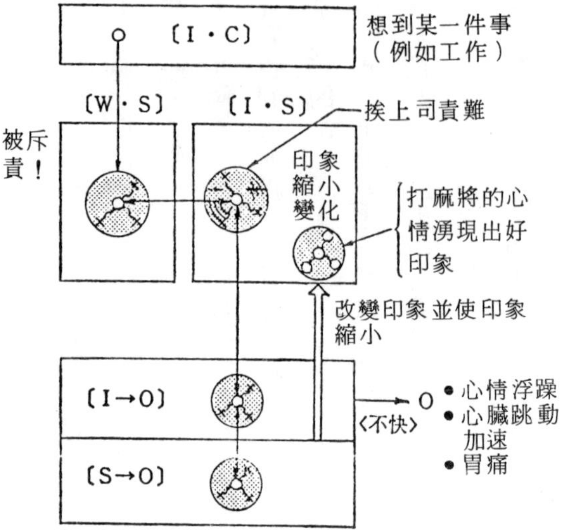

當我們有討厭的事情，就會縮小印象或變化印象…→造成無法集中記憶

相反的，若你遇到討厭的工作或功課時，你會和前面所述的情形正好相反，呈現不快樂的狀態。

因理科方面得了低分，在衆人面前被公布分數，會令自己感到非常羞恥。上班遲到，被上司大聲叱喝，斥責沒有能力，均會在腦海裡呈現。一旦有此經驗，那種羞辱的感覺、厭惡的回憶均會重現。

當我們嚐試捕捉肉體的變化時，有以下幾個反應。

・心臟會碰碰的跳、血壓高。
・肌肉會硬直。
・胃內壁會下垂、腸部會蠕動，並發生閉塞的現象。
・荷爾蒙的分泌能力低下、分泌趨向不平衡。

因此，生命力就是作爲修正狀態，來縮小印象並取代快的反應，再連接印象之後，傳至〔I・S〕處。

當我們持續回憶、記憶的情形變得困難時，心中湧起一些雜念。每當回憶出令人厭惡的感覺，生命力會阻礙回憶的事情。亦即，生命力會阻礙電氣信號至神經鍵處，促使此記憶痕跡而不殘留下來。

結果，由於無法集中，所以提不起幹勁，並且變得無法記憶。

由此，可以將自身的經驗回憶即可了解。對於自己所喜好、有興趣的事，可擁有比別人高一倍的知識且也能集中。當我們外出做自己喜歡的打高爾夫球和釣魚，即使徹夜或早起也不會想睡覺。

提高記憶力與集中力的關鍵需要有正確的印象

一九七九年四月建設有關會社招募新進人員，乃在靜岡縣富士宮市建設大學，舉行印象控制方法的實習會。當時有二一一名學員參加下列實驗。

(1)首先各分成一半，爲A、B兩個小集團。

(2)A集團給予二分鐘時間，回憶自己的美好印象。如：

「領高額年終獎金。」

「和愛人約會。」

「工作很順利。」

等好的印象。

B集團則發二分鐘時間，回想自己惡劣的印象。

「好不容易才領到的年終獎金遺失了。」

「工作表現不佳，被上司責難。」

等壞的印象。

(3)然後，在固定語彙中以一分鐘時間，讓A、B兩集團同時進行聯想。例如：「書」的語彙以書來回想，至「書→鉛筆→橡皮擦→洋娃娃頭→裙子→游泳衣→游泳池→……」等相關聯的語彙。

此實驗結果，顯示A、B集團的聯想比例如下列所示：

A：B＝1.2：1

此數字究竟有何意義。結論是同時進行的實驗中，有二〇％A集團的人比B集團的人，更能發揮頭腦的功效。且僅在二分鐘內，不但能想出正的一面，並比想出負的一面效率高達二〇％。

在二分鐘內效率高達二〇％，不管在公司、學校、團體、持續二十四小時、一天、半年、一年……，人與人之間資質的差異，顯現出更大的不同，亦即天才、平凡人的差別，也是不可思議。

以相對論聞名於世的愛因斯坦、居禮夫人、柴契爾夫人，都是樂天派的人，他們對自己的前途抱著希望之火，是帶領頭腦不可或缺的要素。

▨由秀吉的例子來看危機感和逼迫感的重要性

「日吉，還沒有回來嗎？這個孩子眞令人擔心。」

由於被捲入織田家族的紛爭，因日吉工作的清洲陶物屋發生火災，非常喜愛日吉的主人宗右衞門及其家族，都以間諜的罪名遭到殺害。

因爲如此，日吉整個人完全變了樣，養父及母親就讓他到光明寺裡磨練當和尚，然而他卻不和寺廟中的任何人說話，已經二、三個月了都是如此。因爲養父竹阿彌不喜歡他，所以每次見到日吉，臉上都露出十分厭惡的表情。

日吉來光明寺後，每天辛勤的工作。在寺中比任何人都熱心，且不停的做事。二、三個月以後，對於工作的內容都已知道，卻無法記憶起來。

因爲他認爲人如此輕易就被殺了，不管多麼努力的工作，戰爭的事端一定會重演。如此拼命賣力工作的人，只會讓人笑爲傻瓜。亂世時代可能就是造成日吉無法記憶的主要原因。

當清洲鎮被燒成灰時，哀痛者所呈現出悲哀的眼神，使日吉有了痛切的決心，告訴自己必須出來治理亂世，因而萌發出堅強有力、悲天憫人的感覺。

「讓我來治理亂世。若我不治理亂世，災禍將接踵而來，百姓及悲痛者將失去生存意願。」這位出生於水呑農家的日吉，開始在內心激起堅定不搖的決心。然而對於一個沒有權勢的人而言，能統籌天下的唯一方法，就是具備廣博的知識，這是日吉所深深體會到的事實。

因此，日吉陸續換職業，從泥水匠、瓦匠、木匠、鍛冶等工作。

十二歲時日吉就感受到世態的逼迫感和危機感，使他比普通人更爲敏銳，在寺中的二、三個月更是他一生的轉捩點。

而日吉的知識就在此時啓蒙，也形成了他日後擔當大任的關鍵所在。尤其在墨俣的築城和高松城的水攻方面，他都建立了非常大的功勞。

危機感和逼迫感是促使提高記憶力與集中力的重要關鍵

根據體驗者表示，當攀登岩石，足部滑下來時；或因發生事故，生命遭到危險時，尤其是孩提時代甚至過去發生的事，完全喪失記憶的人也不少。

當上司說：「這個月的銷售業績若沒有達到一〇〇〇萬日元以上，下個月就不必來上班。」或「今天不好好背，明天就不能通過考試。」如果你聽到此種情況時，將會採取何種行動呢？

諸如此類的問題，均關係到我們生存的利害，當你面臨必須達成任務，或面臨迫切的危機狀態時，任何人都會很自然的出現集中力與記憶力來。此種逼迫感、緊迫感乃是提高記憶力與集中力的主要關鍵。

如果你遇到下列的情形，又將如何？

「擔任社長後全力以赴地投球的兩年期間，無法爲自已打算。因此，我必須放鬆我的肩力，使其形成自然的狀態。」這是柔道五段高手，鈴木博章氏擔任神戶製鋼所社長時所提出的抱負。鈴木氏在任職的一年六個月期間，由於勤練柔道形成一七六公分高、八十八公斤重的碩壯身材，但因爲他激烈的工作，和精神壓力的重擔負荷，以致造成靜脈瘤破裂導致心臟停止而逝世。

遭受石油危機的直接衝激下，日本第五大鋼鐵業界的神戶製鋼所，在一九七五年及七六年的經營業績，超過二〇〇億日元的巨幅赤字。在此情況下，是由鈴木氏擔任社長的職位。雖然鈴木氏全力以赴，發揮十二萬分的能力，可是身體卻無法支持。

一九七七年九月由日本紅軍所率領的刼持飛機事件時，由於航空機機長冷靜的判斷與處理，使乘客平安無事的脫離飛機，成功的達成職務。但機長和刼機者搏鬥，因過於緊張導致胃潰瘍，且身體中風只好坐輪椅下飛機。這就是遭受四天的緊張，精神無法忍受所致。

逼迫感、緊張感是發揮記憶力與集中力不可或缺的條件，持續逼迫感、緊張感經常會因身體的緊張，及負荷量過大，致使身體變殘廢。

在你周圍是不是曾有一、二個這樣實際的例子呢？在目前緊張、忙碌的情況裡。此種人不斷

〔S→O〕的動態3

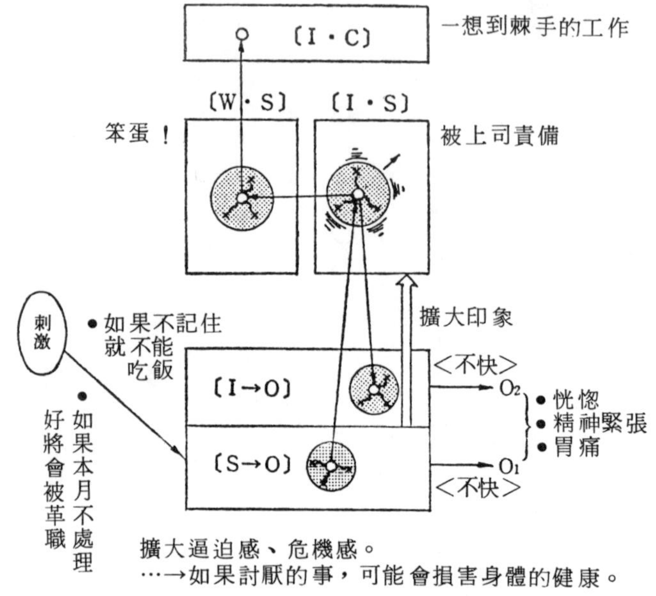

一想到棘手的工作

被上司責備

●如果不記住就不能吃飯
●如果本月不處理好將會被革職

擴大逼迫感、危機感。
…→如果討厭的事，可能會損害身體的健康。

的在增加，學生發生胃潰瘍，身體受損也是因此而起。

對於喜歡的事可擴大記憶

爲什麼會產生此種事情呢？我想與前面提過的〔I・S〕和〔I→O〕間有關係所致。

因不得不工作，萬一做錯事會受上司責難或被顧客埋怨，均是造成厭惡工作的主要原因。然而我們不得不記住工作內容，而且必須在當日完成，就得強求自己來記憶。

在此情況下，常爲了擺脫此種困境及目前的狀況，必須拓大印象的記號，並會「趕快記住、集中精神記住」，傳達至〔I・S〕中。從此，有效性的集中，可以

■〔S→O〕的動態4

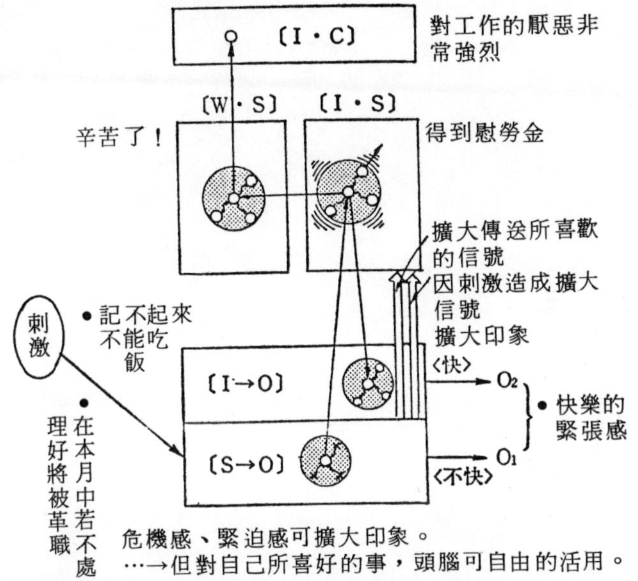

將一切事都記憶起來。

但由於討厭此事，因此印象擴大，而能力未必能充分發揮出來，造成精神恍惚，過於緊張，患胃病而損壞身體。

然而，對自己喜好的工作，從外界給予緊迫的刺激，會由〔S→O〕傳送至〔I・S〕並擴大印象的信號。由於擴大信號和喜歡的條件互相結合，因此由〔I→O〕迅速傳遞至身體各部位。於是從〔S→O〕到〔I・S〕迅速傳送擴大印象的信號。

結果出現令人驚奇的集中力，且也漸漸有幹勁，記憶力也在增強中，頭腦並迅速靈活地開始活動。

第三章　提高記憶力的十五項要點

如何提高我們的記憶力，在第一章曾稍爲提示過，至於如何做有效率的增進，本章將針對其要點詳加介紹？

1 保持心情沈著是首要條件

「當我們將一粒石頭丟在流動的湖上，泛出的波紋會立刻消失。然而若將石頭丟在平靜的湖面上，波紋卻往往久久不散。」

此種自然現象，幾乎任何人都會在日常生活中經驗過，而事實上我們的腦海也具有相同的功用。

司我們記憶裝置的大腦皮質，我們身心寬潤時會使我們感到安詳，且此部位最易記憶外來所傳入情報消息的機構。大腦皮質的安靜化，將會切斷和以前有關聯的一切事情，並陸續進入新的情報，銘記在新的記憶裝置中。

過去的和尚之所以能如知識份子般地受人尊敬，乃是因爲他們經常不斷的吸收新知識，並且由於他們每天坐禪，身心得到的平靜，使他們善於吸收知識、消化知識。

當我們要記憶一件事情時，首先必將身體完全放鬆，再將心境平靜下來。

2 疲勞將會降低頭腦活動

從事劇烈運動的選手，在運動前一定都得經過充分的休養，這是爲了讓選手們消除疲勞，以迎接新的挑戰。

我們做類似的運動，必會消耗大量體力，如下棋、象棋等，都須充分使用頭腦，所以也要讓肉體充分休息。因此，像中原誠氏、大山康晴氏此二位偉大的棋士家，他們在比賽當天都能創造令人注目的最佳成績。

理由是，疲勞時腦細胞活動持續顯著低下，腦細胞活動一降低記憶力也隨之下降。

因此爲了提高記憶力，每個人都必須經常調整身體的姿勢，使腦細胞的活動永遠保持最佳的狀況。

在比賽前如果徹夜練習，即使花再多的努力，效果依然不彰。因此當你感覺疲勞時，最好的方法就是立刻去睡覺、休息，相信第二天早上醒來，頭腦便會十分清晰，進而對記憶的提高有非常顯著的效果。

3 對自己必須抱著「我能記住的自信心」

在第一章曾提到「如果在內心一直存在著無法記住的恐懼心理，將使你的腦筋變得更惡劣」。相反的，如果你具有　以記牢一切的自信心，那麼便可以較輕易地增進記憶力。心理學者多湖輝和南博也異口同聲地表示，記憶集中最重要的一點是，「必須本身具有可以記住的自信心」。

我無意和柴契爾相比較，但是在我中學一年級之前，我的確是個腦筋不好的壞學生。一年級五〇〇人中我排在第四七〇名，接近劣等生。於是中學二年級暑假期間，我決心進入經常保持一〇名以內的好班中。在此之前我是多麼的討厭唸書，且經常逃學，所以成績老是不好，自己也覺得十分沒面子，於是從那時起我便決定好好用功。

原本頭腦空空的我，從此讀到、聽到的都當作是新知識，並記憶在腦海中。

事後我了解到，這就是父親賜予我的恩惠。父親從我小學開始不斷的給我訓練自信心，那時父親曾對我說：

「你在河上釣的魚，山上捕的鳥都很好吃。證明你比別人具有更高的智慧。」父親又說：

「教導你關於下棋、象棋的規則，你都能記住。如果你能將此記憶力用在讀書上，成績當會進步非凡。」

此時我就像夢醒般地「試著用功」，結果當我眞正開始用功後，爲自己居然有此強烈的記憶力而嚇一跳。主要是在我內心中始終未曾存在著自己記不住的恐懼感。我把讀書和遊戲視爲同樣簡單的事，且深信不渝。於是我開始奮發圖強，從中學二年級暑假開始，將我成績不好的小學、中學一年級的基礎，全部牢記在心。

到我研究處的人，都能深深了解到，首先擁有自己的自信心是非常重要的，基於這種認識，往往能迅速提高他們的記憶力。諸位，你們是不是希望擁有更大的自信心呢？那麼請你們將自己有興趣的麻將、賽車、唱歌等心情，應用在你超人一等的事物上善加利用……。

4　使用最適合自己的記憶方法

最重要的是活用最適合自己的記憶方法。

第二天早晨，可將前一天學過的東西透過眼睛進行強記。也有一種是透過耳朵的聽覺，一邊寫下以做爲強記。但必須找一個安靜的場所，同時在沒有任何雜言的地方來進行，同時因人而異，使用自己最方便的方法進行強記，這點是十分重要的。

擔任美國第十六屆總統的林肯，僅上過小學四個月，就能勝任總統的職位，其記憶力是十分令人欽佩的。他所得的知識，都是由自己獨立進修而來。

林肯讀書時有一個習慣，必須坐在椅子將脚跨在書桌上，面對著窗子，才能唸得下書。

他這個習慣是在伊利諾州新夏爾姆鎮雜貨店工作時養成的，該地是個只有一〇〇多戶居民的小鎮，來購物的客人不會太多，所以他可以坐在櫃台上將脚放在櫃子上讀書，此時所吸收的知識，對他日後成爲律師、政治家均有很大的幫助。

5　對記憶對象必須抱極大的興趣

如果別人詢問你：「剛進公司的第一天、上學的第一天，你是否覺得上司、師長穿著的衣服」，相信大多數的人都回答不出來。

如果問及「昨天約會時情人穿著的衣服是什麼」，多半人都可以迅速地回答：「黃色的洋裝，上面套著白色大衣」「咖啡色毛衣及長褲、穿黑皮鞋」等。而即使被認爲記憶力差的孩子，也多能記住電視節目表。

亦即對自己有興趣的事情，都能發揮優秀的記憶力。

第二次世界大戰中，日本帝國海軍提督山本五十六元帥，戰後以來衆人皆知其大名。

有時他到國外視察途中，會順道至賭博王國摩洛哥去發發橫財，由於他經常大贏，所以常常傳出第二天賭場主人就會出面阻止他繼續賭博的小插曲。

根據調查得知，山本五十六賭博常勝的原因並非偶然，而是他具有超強的記憶力所致。

山本元帥每次從賭場回來後，迅速將賭博的方式進行徹底的調查，對於取勝的方法與要點完全牢記在心，所以第二天再到賭場時必贏不輸。

原來他在日本士兵學校、砲術學校時代，最得意的科目就是統計數學，因此他對大砲的命中率均準確無誤，尤其對於有興趣的東西，更不在話下。加上山本元帥本身優秀的頭腦，及對賭博的深厚興趣，更是幫助他記憶的原因。

在孩童時代，有一位經常與我釣魚的朋友K少年。K和我一樣在學校的成績不好，然而他在釣魚方面卻比任何人更清楚。

他甚至告訴我，前年他去釣魚的地方，「何處魚較多，何處蝦較多」。結果，當我帶水鏡或潛水用具實際去測量後，發現正如K少年所說，完全無誤。釣魚是K少年最有興趣的嗜好，只要去過一次他就能完全記住。

所以興趣乃是促進記憶力的最佳要訣。

6　有強烈的動機即可促進記憶的發揮

小時候看過的忍者漫畫「伊賀的影丸」故事中，有一段考驗忍者的場面。頭部以布包裹著，小屋中隱藏著鐵砲、弓、槍、刀。影丸訓練忍者時，必須進入小屋中，找出隱藏的物品，並將數目正確的記憶，同時詳細報告牛隱藏的場所。此測試乃作爲忍者最後修行的階段，若無法記憶必須重新再來。

當我們乘車拜訪朋友或至客戶公司時，自己開車與搭別人的便車，有截然不同的感覺，如果自己開車，只要去過一次就能完全記住路線，若搭便車，雖然是坐在駕駛座旁邊，仍無法記憶，此即動機強弱的差別。

亦即有人說：「即使撒謊也必須有強烈的記憶力。」

7 最快樂的事情也能牢記

住在我家附近的Y君，有一天由母親帶他來我研究處。由於他即將面臨高中聯考，因此希望提高記憶力。

因爲他住在我家附近，所以我曾和Y君做過幾次會談。Y君曾表示，他高中畢業後要到南美經營農場。我便對Y君提出以下的忠告。

——如果你當上農場主人，就要照顧牛、馬，爲使牛、馬長得強壯，必須對牧草、水土保持進行詳細調查，進行調查則必須具備使用機械器具的知識，所以你必須擁有化學、物理、數學等基本知識。亦即為使自己成為偉大的農場主人，必須埋首研讀理科、數學。

從那天開始，Y君就在書桌前貼上「經營牧場，必先充實理科、數學等知識」的座右銘，同時畫上牧場的草圖，每天讀書前五分鐘就先瀏覽一番。

「希望至南美經營牧場。」

有此願望的Y君，經三個月後，理科、數學的平均値均提高一〇分以上，翌年三月，終於考進一所很好的學校。

在第一章曾介紹赤海先生提高記憶的方法，肇因於他有快樂的印象刺激所致。

8 刺激可促使腦細胞的活動更爲活潑

一九二〇年，印度孟巴尼雷地區，發生天主教神父和居民捕狼的事件。其中有二個孩子混在狼群中，這兩個孩子爲附近村落人家所捨棄，後來被狼養育。

後來牧師把這兩個孩子帶回到人類的生活中，但是沒幾年他們就相繼死亡。此期間他們未曾恢復人類的生活方式，在四歲時還爬行以代替走路、生吃肉、夜晚並大聲吠叫。一有人接近他們，就發出吼叫聲，一句話也不會說，智慧能力都很低。

由此可見，人出生後生活環境的重要性。尤其以老鼠爲例，將看得更清楚。

把剛生下的老鼠分爲兩群，A群關在陰暗狹窄的箱子裡，B群關在可自由活動的箱子裡，如此養育老鼠經過一段時間後，放它們出來，當迷路時，據一般調查最先找到原路回來者，以B群佔壓倒性的勝利，經解剖後顯示B群的腦重量較重。

由此我們可了解，要長久保持人腦細胞活潑，要經常給予刺激，由周遭環境中即可理解。如松下幸之助等企業家、政治家、學者，均是經常接受新的刺激，即使過了七〇歲頭腦依然相當靈活。如果不會接受環境的刺激，有一些人即使未達六〇歲，腦筋已進入恍惚的狀態。更有的尚未四〇歲，已顯得老態龍鍾了。

9 仔細的觀察也可以幫助記憶

當有急用時，我們必須去拜訪朋友或至交易場所。在第一次前往時，必先調查地址、找地圖、尋問電話及路線才能順利抵達，若手上無地圖或忘記帶電話號碼、忘了路線，同時與對方約定的時間已逼近時……。

各位是不是有此種經驗呢？

此時，你必須回憶對方告訴你的地方，路線及目的地等，然而有時你會把路線搞錯，而趕不上赴約的時間。

但是經過一次辛苦的拜訪後，只要該地無加蓋或重新整修，一年後你再度拜訪亦能清楚的找出來。

根據本書所說，與其讀或用耳朵聽，不如用眼光詳細的觀察，再將目的地清楚的記憶出來。例如打麻將和高爾夫球的規則，與其用書本記憶，不如實際去進行，尤其當你坐在麻將桌上，更能迅速的記憶，主要是因你的觀察及記憶力提高所致。

10 清楚了解其意義後就能理解

「失望吧！」

「不要聽信那種無聊的話，為什麼要把總統的職位讓給伊利諾州來的鄉下律師呢？我絕不會讓他的。」

這是繼林肯之後，擔任國務卿的史瓦特所說的話。史瓦特曾任哈巴特大學法律學教授、紐約州州長，學識與經驗均是共和黨中的佼佼者，尤其他在黨內擁有的勢力及聰明才智，使他成為總統的後補席位，但當林肯一出現，他的寶座就被林肯奪去了。

主張人道和合衆國統一的林肯，面臨南北分裂的危機時，率領美國國民，奪取共和黨首領的地位。

使國民了解到局勢的艱苦。對於僅僅是小學四個月學歷的林肯，在其之下工作的史瓦特，自尊心受到強烈的打擊。

但是，隨著長時間的相處，史瓦特對於林肯的人格、能力、敏銳的洞察力與記憶力，完全佩服得五體投地。

林肯洞察力與記憶力的培養，主要淵源於他孩童時代的境遇。

身爲貧窮拓荒者兒子的林肯，連一本正式的教科書都買不起，在此惡劣的環境中，只要有人肯借他一本書，即使再遠他都不辭辛勞的去借，而且一遍又一遍的閱讀。

讀書的經驗乃是提高記憶力、洞察力的主要因素。由於一次又一次的唸書，使他深知書中的意義，且能將內容整理出頭緒，而牢牢記在腦海中。

若能將一本好書，反覆不斷地研讀，就能對書中的意義作更深一層的理解，此乃讀書非常重要的方法。

我們強記數學、物理的公式，必須一遍又一遍反覆練習，但若不用腦筋來記憶，會覺得難以了解其意。只要理解其意思，則自然可將公式記憶在腦海中。

11 把握印象

「九」「鳥」「鳩」是我們最近經常聽到的話。究竟意味什麼意思呢？當我們上小學時，最先學到的一個最單純的字是「九」，其次是「鳥」，最後才是「鳩」。

但是兒童的記憶順序卻完全相反，他們以「鳩」→「鳥」→「九」爲依次的順序。因爲「鳩」代表「啪」的印象，啪是抽象化的概念，由此想起「鳥」的印象，至於「九」，其具體性的印象最少、最難記住，所以最後才被接受。

我亦有同樣的經驗。

如果採取一定流道來流，稱爲固定常流。固定常流是指對流體的速度和流管的斷面面積成反比。

SV＝一定（其中V：流體的速度、S：流管的斷面面積）

在中學的理科和高中的物理，曾經教過流體的定律，當時我對記憶定理感到很痛苦。因此始終無法記住。

後來，有一次搭乘電車時突然豁然貫通，同時公式也順利的記住。

「擠滿乘客的電車門打開」

「乘客向剪票口踏上第一步」

「開始順暢流動的人潮，在剪票口的速度逐漸緩慢下來。」

所謂固定常流即在每單位時間內流動的液體數量，因其量一定，將一分鐘單位時間內的液體比喻做乘客，將量換成一〇〇人來考慮。

電車門是剪票口的二倍大，一分鐘有一〇〇人通過，因此乘客速度在剪票口時，必等於電車門口速度的二倍。

實際上，乘客從電車下來時二倍的速度，是無法通過剪票口，因此剪票口顯得非常擁擠。有了這個想法後就一直記憶在我的腦海中。

在自身周圍所發生的事，換成公式，就能將定理牢牢的記住。

例如將人名利用印象活潑化來記憶，便是使用此種方法而來。例如：「田淵」就會讓人覺得「其人站在田圃淵處」，「長嶋」可描繪「此人和巨人軍隊的長嶋教練握手的情形」。

語彙或文字，在印象方面情報量佔壓倒性的多數，由此就可輕易的記住。

12 一邊預測一邊記憶

我經常爲賽馬、賽車而下賭注之人的記憶超強而感到嘖嘖稱奇。儘管有幾十頭馬，但他們卻都能牢牢記住是第幾號馬。

參與賽馬、賽車的人，多半具有強烈的記憶力，唯有具備超強的記憶力才能獲勝。然而假如這些人並不急於用錢，其記憶力是否仍然旺盛呢？根據調查，能一邊預測一邊記憶，將是提高記憶力最主要的原因。

由於我比較細心，每當拜訪客戶前，必先預測客戶的興趣，對我有何要求？希望聽到那一類話？及以何種資料來配合？有了這些預測就能將資料完全掌握住。

此種體驗相信是大多數人都有的經驗。從預測方面來看，可能會認爲不值得一提，但卻是培養一個人直覺力、才智的主要關鍵。

13　最有效的記憶方法乃是反覆的記憶

「『有人問及，你家的電話號碼時，相信你可以迅速的告訴對方』，『但若罵你一句』，再問起你家電話號碼時，你可能會突然回答不出來。這究竟怎麼一回事？」

「難道這就是記憶力差的人？」

「眞可惜此人家裡無電話。」

這雖然是一種開玩笑的說法。

若問及你家電話號碼，你應該立即能回答。若問到上司、朋友、客戶的電話號碼時，即使問過幾次，你也未必能回答。

這其中的差異何在？就是我所說的，反覆練習的技巧。

我高中時代的男同學H君，記憶力很強，而英文單字的字彙能力更加豐富，凡是教會裡的神父（在美國出生受教育）知道的單字，他沒有不會的。有一天我發現他記英文單字的筆記本上，寫了好幾個「正」字，我詫異的問他代表什麼意義，他說：

「我必須記憶的事，我反覆的作十三次以上的記憶，就絕對不會忘記。我想記憶的事，直到十三次反覆練習之後，每次就畫一橫，依次『一・丅・下・𤴓・正……』作記號。」

H表示，他採用德國實驗心理學家埃丙格哈斯的忘却曲線（如圖），之構想爲基礎。每次新記憶的事，二〇分鐘以後再度記憶。第二天進行第三次記憶、一週後進行第四次記憶、一個月後進行第五次記憶，如此間隔直到第十三次爲止。如此一來，就能將一萬五千個英文單字完全記住。

埃丙格哈斯的忘却曲線

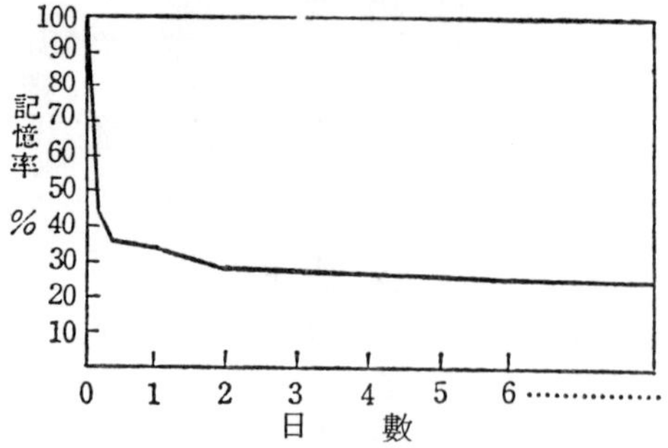

H君在學校一直保持常勝的成績，第二名與他的分數差距經常在五〇～一〇〇分。也是我們同學中最令人羨慕的，後來他終於考

上東京大學，現在正步上學者之途。

所謂埃丙格哈斯的忘却曲線，是指隨著時間的經過，將人忘却的事再喚起的研究調查報告，由埃丙格哈斯發現。對無意義的事，二〇分鐘以內記憶消失的占四七%，第二天以後達六六%，第六天以後爲七五%，三十一日以後是七九%。然而忘却曲線可以反覆記憶將此事記憶起來。

14 聯想可幇助記憶

去年夏天，我從鄉下回來時，遇到K君，於是我們在附近的公園散步。來到公園瞭望台上觀賞美麗的山川、河流，此時K君突然嘆了一口氣，我感到很納悶，便問他究竟怎麼一回事，他說道：

「站在這裡使我想起七年前分手的女友。」

大學畢業後，不知該如何選擇自己人生方向而感到困擾的K君，七年前的某一天曾和女友站在瞭望台上。該女正値適婚年齡，因與K交往，所以拒絕父親爲他安排相親的機會，而等待K向她求婚。但由於K的工作未有着落，生活仍不安定，遲遲未向女友求婚，結果就在那一天，K以態度不明的情況下和女友分手了。K現在已是兩個孩子的父親，但當他站在瞭望台時，還清清楚楚的記得當日女友穿着的衣服及臉上的表情。雖是遙不可及的事，但由於他的聯想，竟打開他記憶的匣子。

在此情況下，我們可由單一情報來勾起對往事的回憶，這是我們常常體驗到的經驗。

希臘、羅馬時代，有兩位辯論家基開羅、色那卡，他們均能牢記冗長的演說，主要是靠聯想來記憶。在此我們簡單介紹如下：

當你坐在客廳中，可以嚐試由右邊依次看物品而記憶。

首先是書桌→右邊是電話→再右邊是電視→然後是茶几→再過來是書房→接著是書架→……等瀏覽一周，如此形成記憶的主要內容。

例如：我們可舉信長在桶狹間之戰爭爲例來說明，可知此種方法是進行暗記的內容。

此種記憶術是經常被人使用的方法。學生時代，我也經常花很多時間，作反覆記憶的方法。

15 沒有充分的休息無法記憶

大部分人爲了選擇自己畢生的事業，幾乎都會參考井上富雄氏的著作，書中內容描述如下。

井上富雄氏因爲很喜歡看電影，所以經常去看電影，常常一次連看三場，有時三部都是西部片，有時第一部是西部片、第二部音樂片、第三部爲愛情羅曼史，此兩種情形以觀看三部題裁均不同的電影，其記憶較爲深刻。因爲西部片的內容大同小異，如一次持續看三場均爲西部片，將會使記憶變混淆。

心理學者的實驗裡，談記憶新事物、新單字時，如長時間記憶，最好是記三十分鐘後休息五分鐘，作間歇性的休息，其記憶效率將較爲提高。

我們也常常有此經驗。前一天晚上，有一句令我無法理解的英文句子，至第二天一早，想一想就立刻明白。數學也是一樣，前一天令我感到困難的問題，經過一天至早上起床後，馬上迎刃而解。這是我們常會遇到的經驗。

就如從外界傳入新情報時，伴隨腦細胞開始出現而活動，將此整理之後進行記憶，雖需花費一段時間，但當記憶完成，經過少許時間後可增加記憶量，此就是所謂「回憶錄」的現象所致。例如：當我們記某一件事超過三十分鐘、一小時、六小時、二十四小時、三天後，均會嚐試想起，而經過一定時間後往往比起剛記憶時較容易想起來。（一定時間乃因個人、年齡而有所差異）。

一定時間的休息是促進記憶的潤滑油，是使記憶增強的原則。

至目前所提的十五個項目，乃是提高記憶力最重要的要點。我想起以第二章「5　談記憶集中結構」說明，可能會更清楚吧！

▨學習次數和記憶量

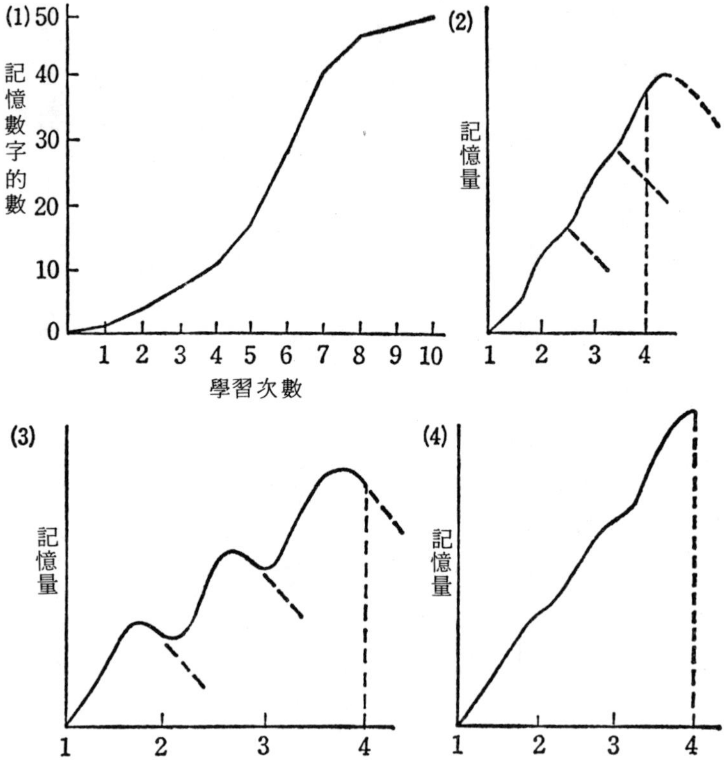

⑴根據數字的記憶實驗，將學習的次數（橫軸）和記憶量（縱軸）之間的關係表示出來。⑵～⑷表示學習和學習之間的變化休止時間（橫軸）記憶量之成長（縱軸）。⑵休息時間相當短時，⑶過于長時，⑷理想時的情況。因人而異，必須自行找出適合自己的時間。

第四章　提高記憶力的方法

試就第二章所提到的記憶結構，第三章則以提高記憶力的要素加以說明。第二章的「記憶的結構」被考慮在內，第三章的「提高記憶力的要素」，任何人在很自然的情況下均可提高。

如何具體性提高記憶力。本章將詳加介紹。

1 提高記憶力的方法

(1)從〇的階段開始……再來確定自己的目的

在進入提高記憶力訓練之前，應該確定爲何要提高記憶力之主要原因。所以看本書的讀者，要提高記憶力與集中力之前，必須首先確立自己的目的究竟爲何。

到我研究處的很多人都表示，「我想提高記憶力與集中力……」，但其中有很多人屬於茫然無目標，不知爲何要提高記憶力與集中力。

唯有確立自己的目標後，我再介紹如何利用本書提高記憶力與集中力，並進行訓練，如此效果才會顯著。所以潛在意識對提高記憶力與集中力，有其充分了解的必要。

如果將「記憶」比喻成一艘船，「目的」就是方向，無方向的船就無法航行，此階段乃是提高記憶力在訓練前的問題，又稱「○階段」。

(2)第一階段……讓身心保持緩和

首先，須讓身心保持緩和的狀態。隨著身心的緩和，促使腦細胞慢慢出現活潑化。

最重要的是保持身心緩和狀態時，大腦皮質會逐漸安靜化，此時所吸收的情報能顯出記憶狀態。

由此可知第一階段具有：

1　心能沈著穩定。

2　恢復腦細胞的疲勞。

爲提高記憶力的兩項要素。

(3)第二階段……回憶過去美好的印象

如下所說，對於提高記憶力的對象（工作、功課），避免回憶過去不美好的印象，而需回憶過去美好的印象。

例如：想考取司法官，必須提高記憶力。

ⓐ對象是對過去有美好的印象。

•學生時代民法經常得高分。

•憲法實習的發表獲得認可，系主任及教授都說：「你大有前途。」

ⓑ回憶對過去美好的印象。

•五歲時，從東海道縣車站開始，第一站至最後一站均能清楚的記住站名。

•高中時，一晚能記住三〇〇個英文單字。

回想此種美好的印象。

總而言之，爲使過去美好的記憶重現，你可以「暗自告訴自己，我有自信能記住」或「覺得很有興趣」，如此就能得心應手。

如果能牢牢的記住，雖本人無意識亦能配合記憶的順序記住。例如：

「讀完本書後，當場從頭到尾重覆讀一遍。」

「前一天所讀的部分重新復習，再加上本日所讀的部分。」

「前一天無法理解、未解開的問題，若在第二天能理解，則能簡單的解答。」

依此順序而來。

如此，以回憶過去美好的印象，依自然的方式傳送適合自己的方法。

同理可知第二階段具有：

3　最重要的是相信自己有信心能記住。

4 選擇最適合自己的記憶方法。

5 對自己記憶的事，保持興趣。

此即為提高記憶力之三要素。

(4)第三階段……想起未來美好的印象

第三階段是想像未來美好的印象。隨著記憶力的提高，在腦海中描繪出美麗的遠景。例如：

「自己在腦海中描繪工作情形：如能儘早完成，今年業績可提高三倍。」

「銷售業績屬單股，因此可掌握整個公司的領導權。」

「司法官考試及格後可當律師，如此便活躍在律師界中，同時在社會上的地位可以得到認可。」

此所敍述的，乃以○階段所述的目的為主，然而第三階段最重要的是：

6 必須有強烈的動機。

7 必須和快樂的事連接在一起。

8 給予腦細胞刺激。

此為提高記憶力的三大要素前提。

(5)第四階段……回憶出整體的印象

最後，你想要記住的事，亦即你所要解決的問題，就是回憶整體印象的主要方法。我們作整體回憶時，將自己具體清楚所知的，和不知道的事全部整理出來。此時你將能回憶出來的印象，知道的就以知道的方式處理，不知道也以不知道的態度來處理。

例如：你想到開車的事，必會想到教練場教練如何教你開車的順序。

①首先打開車門，坐在運轉台上。

②其次繫上安全帶來操作。

③以上兩項動作結束後，取出鑰匙。

④開啓引擎以發動。

⑤一邊踩引擎，一邊向右轉，作出開始發動的動作，進行加速度。

⑥當引擎發動後，再以低速檔前進。

教練所教導的順序，爲能確實的記憶，最好依下列方法來記憶。一一按照教練所指導的事描繪一番。

①首先打開車門，坐在駕駛座上。

②其次繫上安全帶。

③開啓鑰匙。
④發動引擎。
⑤踩引擎。
逐一完成步驟，並再確認一次，「等會兒，好像錯了吧！」「啊！應該先踩引擎，再將檔恢復到正中間。」
⑥一邊進行開始的動作，一邊加速度。
此時又回想到，「啊！是否踩了引擎呢？是否有遺忘之點。」
我們一面看示範本，一面詢問通過執照考試的人。
如何操作，在第二次至教練場時，當教練問你「今天由你自己試著開車吧！」，你就不會回答「我不敢」之類的話。
我們日常生活中，對語彙的用法均很習慣。只要一面看書，加上旁人的解說，多半都可了解。而造成情報不夠確實的原因，是回憶不夠充實的緣故。
此情況不能以語彙爲取捨的信賴標準，必須以印象做爲攫取的對象，這是十分重要的。
第二章提過，語彙與印象間的情報量比率爲一：一〇〇〇。如以語彙來攫取，實際的情報（泰半會形成印象的資料）間均會有欠缺部分。
此可應用在工作、功課、人際關係……等各方面。

爲了彌補欠缺部分，要以「整體印象」做爲回憶。

「把握整體的印象」「仔細的觀察」「具體了解意義」才能預估密切的關連。

第四階段乃有——

9 仔細觀察。

10 具體了解意義。

11 把握整體的印象。

12 一邊預想一邊記憶。

以上四項乃提高記憶力必須擁有的要點。

上述四個階段大致已看過一遍，以自己所確定的目標來考慮，對於更多情報消息的來源感到有興趣。當你回想起快樂的事，你是否會感到快樂。此樂趣會使你減少反覆學習的辛苦，結果記憶或許能比以前更容易。

同時會產生波及的效果，使此效用和提高聯想力有密切的關係。

而且，因經常可使身心保持鬆弛狀態，腦海也能暫時得到適度的休息。

至目前爲止，所進行的四個階段，必須具備——

13 反復。

14 聯想。

15　適當的休息。

為提高記憶力不得不學習的三個要素。

在本章所敍述的四個階段，是進行控制腦中印象情報的方法，除利用控制印象的方法外別無其他方法。至於對「記憶控制方法」的命名，應如何具體性的進行，我將再詳加介紹。

2　任何人均可提高記憶力

(1)第〇階段……「確定目標時」所做具體性的方法

如前所述，清楚的確立目標是十分必要的，目標未確立的人，無法獲得明確的指示。此種人，必須利用下列卡片式的方法，來整理自己的想法，然後再好好想清楚。依順序來介紹。

①收集情報

考慮做什麼、要求做什麼、自己應該做什麼等收集此類的情報。

- 自己想做的事是什麼，想得到的事是什麼。
- 要達成以上的目標，須有作為。

卡片式方法的步驟

步驟	內容	說明
1.	收集情報	選定題目來收集情報
2.	記錄在卡片上	將收集的情報記錄在卡片上
(註)3.	將卡片放置於一平面上	放在桌上或模造紙上
4.	分組	以印象來歸納
5.	找資料	將收集出來的資料分成小隊
6.	空間配置	對於相互的關連性進行配置回憶
7.	圖解	配置基本的圖解
8.	檢討	檢討內容和結果

（3.～5.：回憶）

（註）（直到10次以下均要反覆進行）

・對自己所具備不足的能力要檢討。

・目的的達成是否與能力有直接關係。

例如：「將來想當推事」「希望娶像雅格拉斯一樣可愛的女孩當太太」「被社會認同的價值與信用之必要性」

②記錄在卡片上

將傳出來的情報記錄在卡片上。讓任何人一看就會理解。

「推事」「政治家」希望達到的目標，記在卡片上，每次一看就能警惕自己朝「推事」「政治家」的目標前進，並在卡片上寫二〇～四〇個字的文章。

如此一來，即使經過多少天，我們亦能將卡片的意思，清楚的回憶出來。若非如此，即使是自己親手寫的資料，二、三天後就會忘記，同時會有「我當時在想些什麼，為何會如此寫？」的想法。

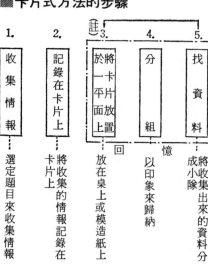

▩卡片記錄法中的第三至第七個階段

順序③：將卡片散開來

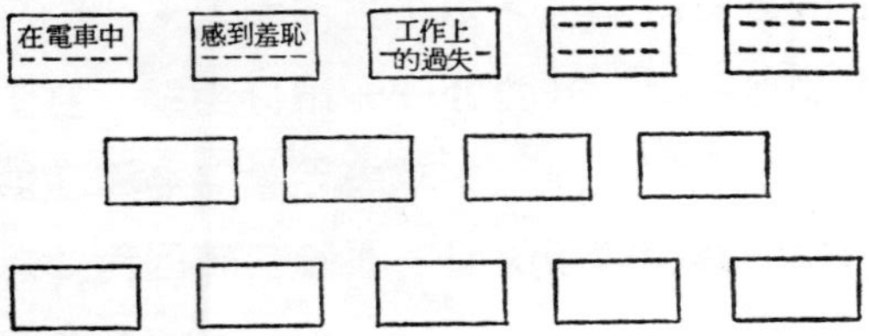

順序④：分出組別來

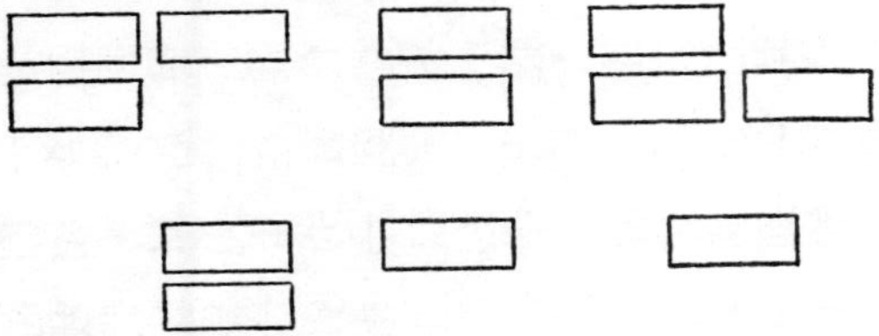

順序⑤：將類似的每一組用迴紋針束起來

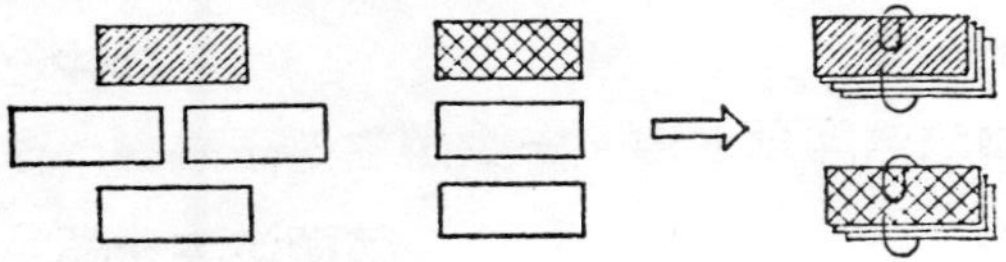

順序⑥：空間配置

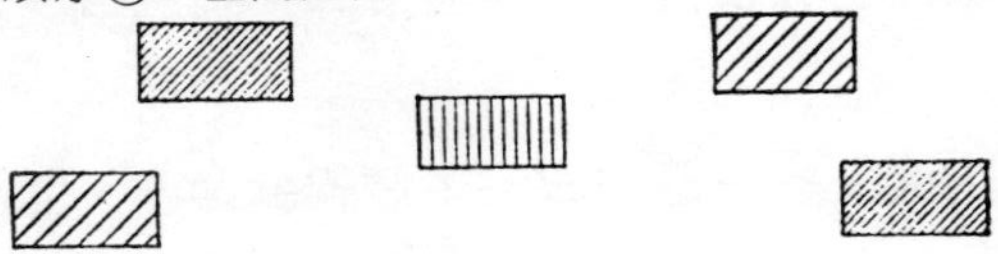

順序⑦：圖解

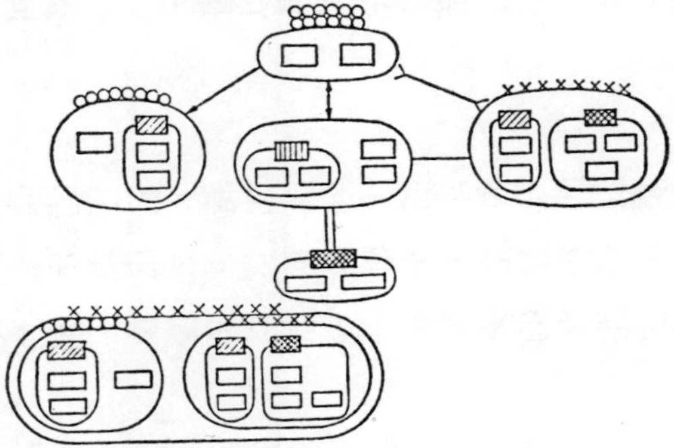
標題均全部找出來

參考和圖解時的關係線

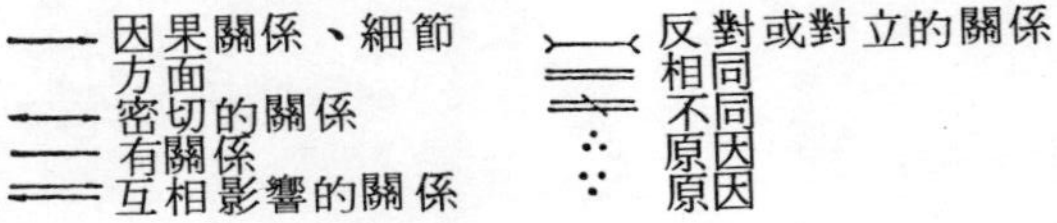

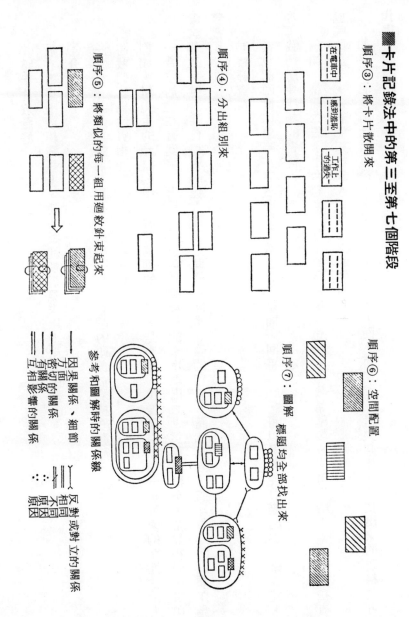

③將卡片放置好

放在書桌上或模造紙上，使一眼就能看見卡片上所寫的記錄。

④分組

一邊看卡片，一邊將整體做一歸納，爲了整體的印象必須持續進行。

將我們認爲性質相近的卡片分在同一組。

例如，M先生的「內心中」所想達到的目標，是「娶一位像雅格拉斯一樣可愛的女性當太太」，「希望居住在有庭院、書房的房子」將此類似的卡片取出來。這兩種雖不是全然相同，用印象試著來回憶，就會浮現「喔！原來是同樣一回事。」的印象。諸如此類，將印象分門別類作爲參考。

⑤找尋資料

當我們回憶印象時，突然發現「啊！原來是同一回事」時，可以具體性眞誠的語彙來表達，亦即我們所要找尋的資料。

例如：將前二張卡片合起來，可能會形成此一句話，「我希望娶一位可愛的太太，居住在有庭院的房子，過着能和一般人相提並論的生活。」

如果你能找出此種資料，把這些卡片放在最上面，再用迴紋針夾起來。所找出來的資料便可代表整體的內容。

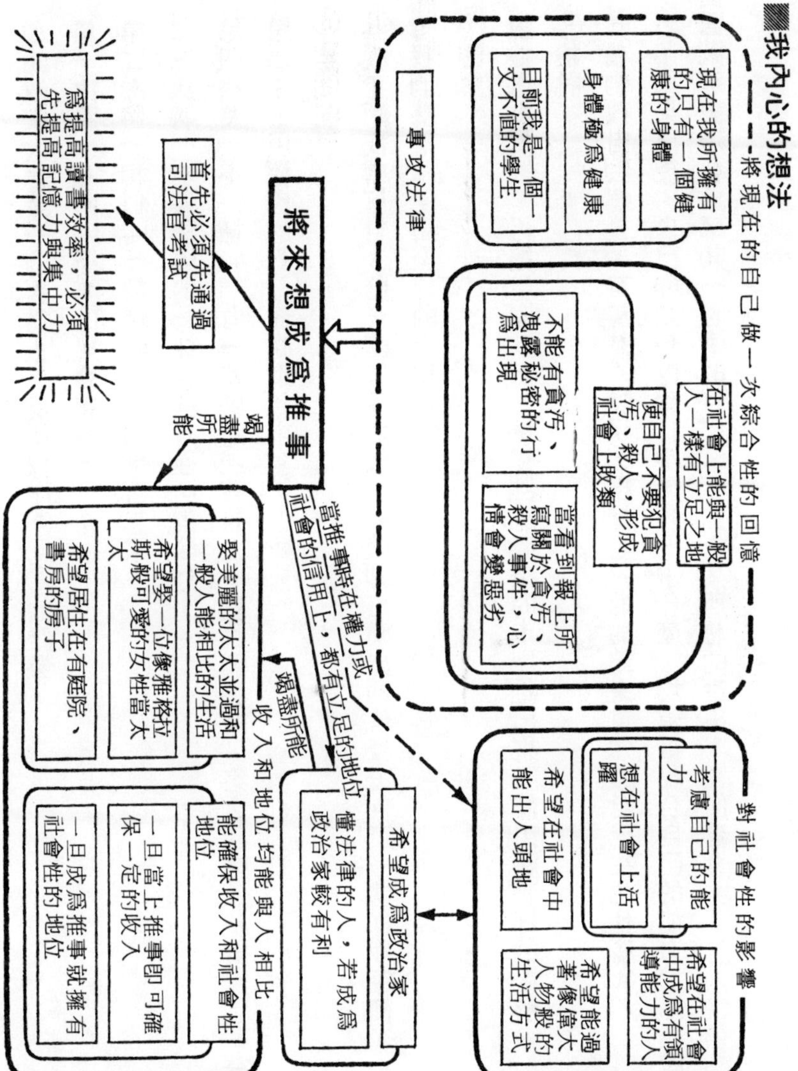
我內心的想法—將現在的自己做一次綜合性的回憶
現在我所擁有的只有一個健康的身體
身體極爲健康
目前我是一個一文不值的學生
專攻法律
在社會上能與一般人一樣有立足之地
使自己不要犯貪污、殺人，形成社會上敗類
不能有貪污、洩露秘密的行爲出現
當看到報上所寫關於貪污、殺人事件，心情會變惡劣
將來想成爲推事
首先必須先通過司法官考試
爲提高讀書效率，必須先提高記憶力與集中力
竭盡所能
當推事時在權力或社會的信用上，都有立足的地位
竭盡所能
收入和地位均能與人相比
要美麗的太太並過和一般人能相比的生活
希望娶一位像雅格拉斯般可愛的女性當太太
希望居住在有庭院、書房的房子
能確保收入和社會性地位
一旦當上推事即可確保一定的收入
一旦成爲推事就擁有社會性的地位
希望成爲政治家
懂法律的人，若成爲政治家較有利
對社會性的影響
考慮自己的能力
想在社會上活躍
希望在社會中能出人頭地
希望在社會中成爲有領導能力的人
希望能過著像偉大人物般的生活方式

如此做成大約至一〇次為止，反覆操作③④⑤的作業。

第一次將「相同」標準的集合起來。

第二次將「相似」「類似」標準的集合起來。

第三次將「有關係」的「任何共通性」集合起來。

第四次將「不一樣」「有一些關連或背景上有些許關聯的」集合起來。找出文字，分別以第一、第二……用深色的筆全部滙集起來。

⑥空間配置

其次不斷找尋資料，將全體印象放置在一眼即可看出的位置上。可一邊採取平衡，一邊配置，此時我們就不須使用全部的卡片。

⑦圖解

根據基本配置，再把用迴紋針、橡皮圈束起來的卡片抽出來，作出關聯線的圖解。

⑧檢討

當我們做出圖解後，可清楚的發現，根據整體性的結果可知道自己在想什麼。

看了結果以後，自己究竟想得到什麼、想要求什麼，均須再配合自己的能力加以檢討、考慮。前面圖解表示會員M其「心中的目標」，加上其所想的滙集，當作參考。

(2)第一階段……「使身心保持鬆弛」具體性的方法

根據「第二章　記憶與集中的結構」，顯示在原則上如果回憶起過去悠遊自在的經驗，對身心均能造成緩和、充裕的好處。那麼我們當以何種順序來練習呢？

印象控制方法可促使身心鬆弛，形成基本印象，以身心鬆弛的練習作爲基礎練習（初級練習）。

❶練習前須注意事項

爲提高記憶力，在進行印象控制練習之前，首先介紹練習前應注意的事項。

＜注意事項１＞……進行練習的場所

進行練習的場所，以安靜的氣氛爲最佳。且通風良好，避免在過暗、過暖、過冷之場所。但須注意，不要太過拘於小節。

最初，儘可能減少外來的刺激，因此可除去眼鏡、皮帶、領帶、手錶、襪子等，將穿戴在身上的東西取出，以減輕身上的束縛。保持身心鬆弛，習慣後可將此方法帶上車中、公司中進行。

＜注意事項２＞……姿勢

最初，最好採取正式的基本姿勢。等稍微習慣後，就可以隨意採取任何姿勢。因爲一開始姿勢若不正確便不能順利進行，恐怕會造成練習後不快的感覺，而且會有手、腳痲痺的情形。

憑靠的姿勢

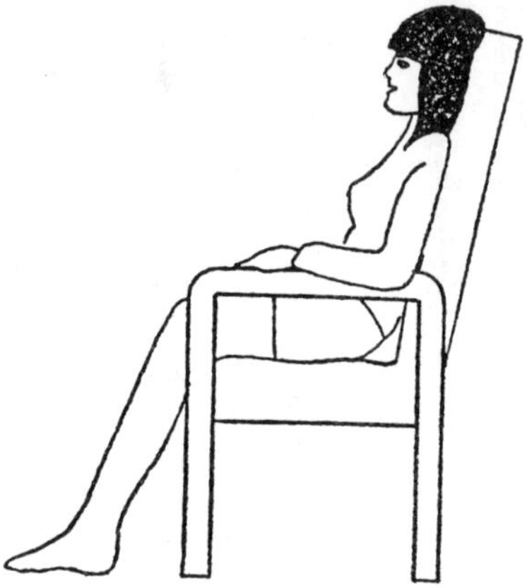

坐立的姿勢

基本的姿勢，是坐在椅子上靠背的姿勢。其他，正坐、站立、扶坐等姿勢均可進行。

首先，將椅子的坐姿加以說明。椅子的姿勢以有憑靠的姿勢和坐立的姿勢為主。

憑靠的姿勢，例如：我們躺在安樂椅上坐著，後背仰靠的方式。椅中的背部由頭部來靠著，因此椅子必須是高背的，高度要配合練習者腳的長度作選擇，儘量不要使練習者的大腿感到不舒服的高度為宜。

兩腕放在椅臂上，肩部自然擺著，兩腳伸長，以兩肩寬的範圍放置，儘量保持自然的姿勢坐著。

坐立的姿勢，不管任何形狀的椅子或即使不是椅子，只要能支持腰部的就可以。

這是一般使用的方法。

兩腳踏穩，使接觸地板和地面，坐立的椅子

距地板、地面要能保持兩脚自然擺放的高度即可。

首先放鬆兩肩的力量，頭部向前看。此時身體和頭部成爲一直線，使身體的力量完全放鬆。兩腕不要互相碰觸到，將手掌朝下放，擺在大腿上，兩脚稍打開，以擺在能支持身體重量的位置爲最佳。

其次爲依靠的方式。此種姿勢在日本式的房間內來練習最適宜、方便。

這種姿勢是靠在牆壁上的姿勢，下半身足部伸開的幅度，需與肩寬相等，上身靠著牆壁，如果覺得牆壁太冷或太熱，可在牆壁上舖上墊子。

依靠的姿勢

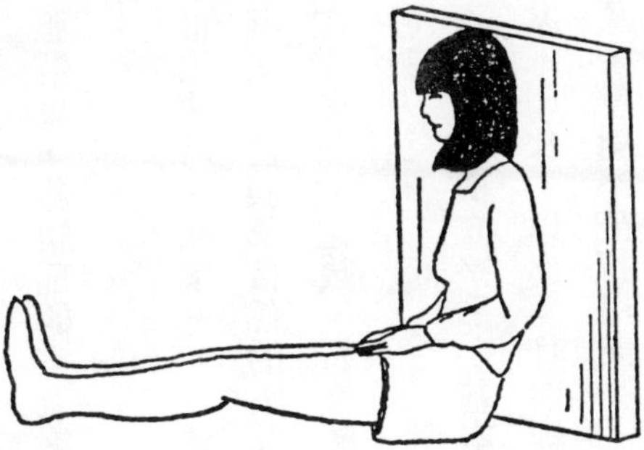

其他，如正步姿勢和扶坐姿勢均是非常適宜的姿勢。

＜注意事項3＞……眼睛

剛開始須閉著眼睛來進行，習慣後可以張開眼睛進行。

一般剛開始時閉著眼睛的目的，是容易描繪印象，並易於練習。俟到達某一個程度可以集中時，即可張開眼睛來進行練習。

＜注意事項4＞……呼吸

最重要的是呼吸方法。一般最初是緩慢的進行呼吸。在剛開始練習前作三～五次的呼吸，以腹部呼吸較能使心情穩定。

爲利於參考，茲簡單介紹腹部呼吸的方式。

張開口，將腹部的空氣緩慢吐出來。腹部一邊收縮一邊將體內的空氣，即二氧化碳（CO_2）呼出來。

吐出來時，喘氣一～二秒後停止。

其次，使腹部自然的脹起來，再由鼻孔靜靜的吸入空氣。

在充分吸收之後，再度喘息一～二秒後停止。如此反覆做練習。此種腹部呼吸的方式是最普通的呼吸方法。

＜注意事項5＞……基本印象

基本印象，以迄至目前經驗中，最好，是最令你感到舒暢愉快的爲最佳。而使你覺得不快樂的印象，絕對不能採用。

一般而言，「我們可以想像坐在漂亮的草坪上，輕鬆緩和的進行日光浴」、「可想像剛從澡盆起來時，所擁有的輕鬆愉快感」等印象，使用美好的感覺，而不好的印象一律不用。但是，女性萬一有碰見「冒失的男性」「被窺視」等經驗時，也會使身體產生不愉快的信號，而造成不好的結果。

＜注意事項6＞……練習時間

練習時間以早上、中午、晚上最適合。早上即在起床之後、中午在午飯後、晚上是就寢前，一天進行三次最爲理想。若無法實行三次，一次也可以。剛開始時（未進行印象控制法之前，約有三個月時間）每天必須持續進行是最重要的。

練習時間一次約一〇～一五分鐘。

❷基本練習（初級練習）

現在來說明基本練習的要領。首先將佩戴在身上的物品全部取下，並以基本姿勢爲開始。

當基本姿勢擺好後，將兩腕、兩脚向前跨一步。手脚使力至發抖的程度。用力過後，立刻使力量緩和下來。在緩和的瞬間，手脚的肌肉開始趨向鬆弛。此時必須抓住此種感覺。

再試著做一次。這一次閉起眼睛坐著，兩腕、兩脚向前跨一步，使勁用力後再放鬆。力量放鬆後瞬間開始以腹部呼吸。即張開口，吐出二氧化碳。吐出後就喘氣，然後停止。其次由鼻子輕緩的吸進空氣。使腹部慢慢膨脹起來，充分吸收空氣後，喘息幾秒後立即停止。

接著再稍微開口，儘可能吐出二氧化碳。最後殘留在腹中的二氧化碳，以收縮腹部的方式將空氣吐出。吐出來以後，再喘氣然後立即停止。

再度從鼻孔緩緩的吸入空氣。如此以腹部呼吸反覆作幾次。

腹部呼吸結束後，就緩緩的回復到原來呼吸的方式。當回到平常呼吸的方式時，腦中靜靜的回憶著「在漂亮的草坪上坐在椅子內，緩緩進行日光浴」的愉快印象。

接著，身體自然變得輕鬆舒適。

當你一邊描繪印象，一邊呼吸喘氣時，試著在心裡唱「心情沈著」「心情很沈著」二～三次。由於唱著此二句話，心情往往可以變得很沈著。

在尚未習慣時，很難迅速地將整個身體進入鬆緩的狀態。爲使身體達到弛緩狀態，可以手開始進行。

首先，將右腕靠在心上。有「右腕在此！」之感。再靜靜的回憶「在漂亮草坪上坐在椅子內，緩緩進行日光浴」的美好印象。

接著，每次呼吸時，在右腕至肩中使肌肉、心情得到鬆弛的狀態。再配合喘氣，唱著以下的話，會特別有效果。

「右腕很重。」

「右腕很重。」

「右腕若鬆弛心情會很愉快。」

「心情很沈靜。」

其次，將左腕靠在心上。以同樣的方式靜靜描繪印象。

接著，每當喘氣時，在左腕至肩中使肌肉成弛緩狀態。此時，唱著以下的話，將會更顯出效果。

「左腕很重。」

「左腕很重。」

「左腕若鬆弛心情會很愉快。」

「心情很沈靜。」

其次，將右脚靠在心上。同時感到「右脚在此」。又回憶「在漂亮草坪上坐在椅子內，愉快的享受日光浴」的印象。

在每次喘氣時，在右脚至腰到膝及足尖部份，使肌肉和心情完全放鬆，同時唱著如前一樣。

「右脚很重。」

「右脚很重。」

「右脚鬆弛的話心情會很愉快。」

「心情很沈著。」

然後，再將左脚靠在心上。如前一樣靜靜的描繪印象。

喘氣後，從左脚至腰到膝及足尖，使肌肉和心情完全放輕鬆。再唱著同樣的情形。

「左脚很重。」

「左脚很重。」

「左脚若放鬆心情會很愉快。」

「心情很沈著。」

其次再將右腕靠在心上。靜靜回憶著「坐在漂亮的草坪椅子上，享受日光浴的愉快心情」。

接著慢慢喘氣，使右腕至肩部間保持輕鬆愉快的感覺。同時唱著：

「右腕很暖和。」

「右腕很暖和。」

「右腕感到很舒服。」

「心情很沈靜。」

其次將左腕靠在心上。有「左腕在此」的感覺。

並靜靜的回憶印象，喘氣時，由左腕至肩中保持輕鬆愉快的心情。再唱著：

「左腕很暖和。」

「左腕很暖和。」

「左腕感到很舒適。」

「心情很沈靜。」

其次再將右脚靠在心上。靜靜回憶「坐在漂亮草坪的椅子上，享受日光浴的愉快心情」。

當喘氣時，從右脚至腰到膝、膝到脚尖間感到心情愉快暖和。同時唱著：

「右脚很暖和。」
「右脚很暖和。」
「右脚感到很舒服。」
「心情很沈靜。」
其次再將左脚靠在心上。使感覺「左脚在此」。
然後，靜靜回憶印象，在喘氣時，從左脚的腰至膝、膝至脚尖，保持心情愉快和溫暖的感覺。並唱著：
「左脚很暖和。」
「左脚很暖和。」
「左脚感到很舒適。」
「心情很沈靜。」
「兩腕、兩脚都很重很暖和。」
「兩腕、兩脚都很重很暖和。」
「體內感到很愉快很沈靜。」
「我今天身心完全保持鬆弛狀態。全身的緊張感完全解除，心情感到輕鬆愉快。」
在此狀態下，身體保持弛緩，但是如果你站立著，或想到不愉快的印象時，會有不快感。此時，可依下列方式來進行最爲理想，將手及眼睛張開。

心中靜靜數著「接著的練習，要更快，更能保持弛緩的狀態」。

「首先，將鬆弛緩和的沈著狀態，擴散至身體中各部位。」

「第二，從腹部開始，湧現出幹勁，勇氣及自信心，使體內感到生氣勃勃。」

「第三，在喘氣時，腦中逐漸清晰起來。」

「第四，當睜開眼睛時，頭腦逐漸明朗，舒暢感立即傳送至身體各部位。」

「第五」……，就如此靜靜的唱著。將兩腕、兩脚向前大大的繞兩圈。然後，由肩部縮回再做深呼吸，靜靜打開眼睛。眼睛睜開後，可以感到頭腦清晰心情愉快。

此階段以「右腕→左腕→右脚→左脚」的順序進行，如此習慣後可從「兩腕→兩脚」「兩腕、兩脚同時」，以「非常重且暖和的感覺」，弛緩的狀態就會不斷的繼續維持著。

當眼睛閉上，在任何地方均可作一分鐘左右的弛緩狀態，第一個步驟就結束。一般而言須一個月的練習才能完成。在基本練習未完全學會之前，不得先進入第二階段。即使你想儘早進入第二階段，除了會造成效果不彰外，尚會出現以前所接受到的壞印象，結果只會事倍功半，所以配合一定順序來進行是最重要的。

❸深入的方法

在基本練習每天持續進行兩週後，仍無法感到愉快的人，可進行以下更深入的方法。

●深入的方法1……理論極易了解

在你內心深處，若有此事不可能發生的想法，你絕對做不好。所以如果你還抱持著疑問的態度，最好再將「第二章　記憶與集中的結構」了解理論後再繼續進行。

對於只看書，而不親身實驗的人，我希望他們能確實來進行。進行實驗，可使身體的現象由內心深處了解印象控制法。

●深入的方法2……「後倒法」和「兩腕的動態」，用同一印象來捕捉「變化的感覺」。

「第二章．4記憶的功效」中，身體一旦描繪起搖擺的印象時，就可以按照印象做身體搖幌的實驗。此實驗乃「後倒法」，我們進行此實驗時，和以一般的意識來進行身體動態的情形有所差異，亦即此時要保持肌肉鬆緩並維持微妙的輕鬆狀態，此獨特感應特別注意。

首先，說明「兩腕的動態」練習，能抓住其感覺爲最理想。

一開始，可將身體靠在椅子上。從肘至肩處水平的擺在地板上，再將兩腕的手掌微微伸開，距離大約一〇公分左右，然後再集中注意兩手的正中間。

當兩手互相一靠時，我們可回憶起印象。接著，兩手徐徐靠近。當我們描繪印象時，兩手即可慢慢的靠在一起。

恢復原狀後，集中對兩手指中注意之點，兩手一離開印象立即回憶。感覺到獨特的腕的動態、肌肉的動態。有空時反覆練習。

・深入的方法3……累積經驗

也許你會想到「作日光浴的感覺」，但意外的你會有如親身體驗的感覺。實際上，我們如果眞的進行日光浴，太陽溫暖的光會傳送至身體內外，除了回憶起印象外，更有親身體驗之感。

・深入的方法4……反覆進行練習

在基本練習結束後，立即進行第二次練習。第二次比第一次、第三次比第二次的感覺更爲清晰。反覆練習的次數，以二～三次爲最適當。

・深入的方法5……由身體的振動方法來進行

基本練習後，當我們數「一、二……」之前，先比照下列的方法來進行。

回憶起上半身左右搖擺的印象，再一邊緩緩的呼吸，一邊唱著「身體左右擺動」。持續不久後，上半身就左右搖動。

兩腕的動作

照印象兩手靠近之後又離開。

當開始擺動後邊唱著「隨著搖動，慢慢感到身心非常舒暢」，從頭至肩、肩至兩腕、肩至腰、腰至足尖，依次有意識的傳達。接著，依意識的順序緩緩感覺出來。

當有了悠閒感後，亦可在心中唱著「隨著舒暢的心情，逐漸的加大，心情愉快的搖幌」。不久，更加用力搖動。

大搖擺後，又可唱著「隨著搖幌，心情逐漸舒暢」。使迄至目前經驗過的事，可感到身心愉快之感。

心情舒暢時，一邊唱著「心情好愉快，逐漸恢復到靜止的狀態」，當靜下來時回憶起印象。於是，身體又恢復到原來的樣子，形成靜止的狀態。

此練習必須在感受到悠哉的氣氛下進行。

● 深入的方法6……隨深呼吸方法進行

與「深入的方法5，身體的振動方法來進行」的要領相同，心中唱著「從這裡開始進行深呼吸。然後放鬆力量，緩緩恢復悠閒狀態」，再轉換為深呼吸。

一邊緩慢的呼吸，一邊配合呼吸，從頭至脚尖傳達意識並清晰的回憶著。亦即與進行基本回憶印象之練習相同。一邊吐氣一邊呼吸，在心中唱著「肩部放鬆使心情舒暢」「全身緩緩放鬆」「再呼吸時，頭腦逐漸清晰」如此做效果更佳顯著。當基本練習結束後，在數「一、二」之前。我們可交替使用深入的方法五與六，其效果更佳。

(3)第二階段……「為過去美好的印象」所作的具體方法

可閉著眼睛，做一分鐘左右的緩緩回憶，以進行第二階段。

此時，首先進行第一步驟，當感覺到心情已開始放鬆時，再轉移至第二階段，使用第二階段進行回憶的印象。若比照下列方法進行會更加妥當。

①將提高記憶力的對象，記憶你自己所擁有的美好印象，均寫在一本備忘錄上。

例如，為了司法官的考試而提高記憶力的努力，如前所提「對象即針對過去所發生的事情，留存美好的印象者」。

・學生時代，民法科得高分時非常高興。

・和朋友討論憲法時，充滿了緊張感和充實感。

・父親對於土地登記之事感到困擾時，我能流暢的加以說明。

諸如此類，有關「記憶方面上感覺過去擁有的印象」。

・高中時，英文單字及文章均牢牢記住。

・高中時，日本史和世界史的年代均可清楚的記住。

②在備忘錄上，儘可能將最近過去所發生的或印象較深刻之二、三事，做選擇後，每天回憶約五分鐘時間。

(4)第三階段……「為想像未來美好的印象」所作具體的方法

這是為了提高記憶力，以便對個人未來有所幫助的練習步驟。

①首先將所想像的事記在備忘錄中。

- （如果有優秀的記憶能力）可以升爲課長。
- 可通過東大的考試。
- 可通過司法官的考試。
- 娶一位可愛的女性當太太。
- 可以經常到國外旅行，過著富裕的生活。
- 可獨立開業。

②將其中眞正和我們記憶力最有關聯的選出來。並進行「第〇階段·確實了解自己的目標」後，進行練習是最重要的。

③儘可能比照前面所提「我將來的計劃」，隨記憶力具體的提高效果，以有效性之方法創造自己的將來。

如此一來將可發展出未來的印象，先做第二階段過去美好的回憶後，再進行五分鐘的回憶。

(5)第四階段……「為了回憶整體的印象」所做具體的方法

①成爲業務員的情形

假如你是一個業務員，想將商品的特徵及對顧客的說明方法牢牢記住，可依下列方法來實行最適合。

當你至客戶處時，當客戶一打開他家門，你便能立刻回憶起商品的特徵、項目及如何說明等，直到走出門外的最後階段，從頭至尾始終回憶著商品。

此時若與你商談的對象是A課長，你就可以輕易地湧現出具體的印象。當你和A課長談話時，即可回憶印象。A課長若針對你對商品了解之點詢問，例如：價格和打折的比例，你都能輕而易舉的回憶出來。只要記住這個要點，就不會覺得困難，對課長的問話也可以清楚的記憶和準備。

如此一來，你必須牢記的事，就相對的減少了。因爲你能清楚地把必須知道的事，完全全的記憶住。遇到必要說明時，你也可以加上個人的熱誠道出。如此你想記住的事便能自然地印在腦海中。

②成爲技術者的情形

當你是一個從事研究或開發的技術者，最好依下列方法進行。

例如：你想記住某種液體的循環裝置或分組。你可以在腦海中清楚的描繪，液體裝置中究竟會產生何種情形，而裝置狀態又會變得如何。

此時，液體的動態，若無法清楚的回憶著與裝置動態的關連，我們必須再度確認實際的操作圖。也許第二次開始你就可以逐漸具體的回憶起印象。

接著，當你想回憶起全體性的事情時，你不得不具體的回憶，並再度確認實際的情形和資料，反覆在腦海中思索著。隨著反覆操作的情況下，你可以將一些必要的事記住，而必要的情報即可記憶在腦海中。

③成爲管理人員的情形

如果你是一位管理者，必須對部下的特徵和性格牢記，若你想擴大人際關係，最好依下列方法進行回憶訓練。

試著回憶該特定屬下的一切情形。包括穿什麼衣服、說什麼話、早上以何種姿態出現、中午在何處吃飯、以何種情況進食、和客人說話時的表情……，將有關的一切情況作一番回想。

於是，你會意外發覺，你有很多不了解他的地方。

關於屬下以何種態度或說話方式，接待客人，只要一邊回憶著，一邊實際觀察其與客人交談的情形，即可清楚的了解。在此自然理想的情況下，上司與部屬間的人際關係即可建立起來。

如第二章所述，與其單純的記錄語彙，不如以印象來抓住語彙更爲理想。如此記憶更能靈活運轉，事後回憶亦令人感到快樂。

提高記憶力的方法及步驟，前已敍述過，其結論是盡力使自己將全體印象回憶起來，是最重要的工作。

從一開始我們想到是否能將全體的印象全部回憶出來，當我們從瞬間開始回憶，以知道或不知道分別在腦海中整理。有時想記憶卻會忘記，那時則需再度確認無法回憶起來的部分，如此經過幾次後，在不知不覺中可將想知道的事回憶起來。亦即你想記住的事，就會像眼前所見那般，清楚的在腦海中留下印象。

尤其在第四階段、第三階段結束後，只要時間允許，最好繼續不斷的進行。在第三階段以前，每天進行一次頭腦體操運動，即可很迅速的將第四階段的方法記住。

迄至目前爲止，大家都知道，我們想記住的時候，最重要的是將對象作具體性的回憶。

此時，對象若出現惡劣的回路，即〔I・S〕和〔I→O〕間產生（－）的結論時，作回憶的印象將會帶給肉體（－）的反應。因爲〔S→O〕的生命力，將會傳送出壓抑的命令，因此記憶就形成二層次，而腦中則形成無法記憶的狀態。

但是，進行第二階段、第三階段（或根本不進行），〔I・S〕和〔I→O〕間如果呈現出（＋）的結論，則表示可記住對象。從〔S→O〕所傳送的印象擴大指令，就會更加迅速。因此可有效的提高記憶。

一般而言到第一階段結束時，大約需一個月的時間，從第二～第四階段必須花二個月時間，並且必須在身心狀態均十分良好的情況下才能進行。

直至六個月後，對記憶力開始有強烈的自信心，記物的速度也比以前快二～三倍。此時你的記憶裝置，在記過一次後就不會忘記，而且會形成相當完整的結構。

第五章　提高集中力的十二項要點

接著來介紹「提高集中力的要點」。

1 使內心保持沈著狀態

目前，最需保持集中力的職業，應該是飛行員吧！

我有一個朋友是飛行員，根據他的經驗表示，在離陸時、著陸時的精神控制是十分困難的。通常在飛行時，由於自動操作（自動操縱裝置）的動態，使他們不須費太多的精神，但離陸和著陸時是以人來操縱進行。此時，飛行員非全力集中精神不可。

在集中精神之前，內心必須保持沈著穩靜的狀態不可。此時得進行半分鐘的集中精神。如此說來，劍道、柔道、空手道等運動，可說是「最自然的」身體運動狀態。但此種運動仍必須心無旁騖，以沈著的心情狀態來對付你的敵人。此即在自然姿態的情況下，來隨時提防對方會採取何種技巧對付自己。

除飛機的操縱和武道外，對任何事我們都必須集中精神。在集中精神之前，必須使自己保持沈著穩靜的狀態，才能發揮集中力的效果。

來我研究處的人，當我指導他們進行能力開發的方法，首先一定讓他們練習使心情保持沈著穩靜的狀態。

▨N・T氏的能力變化

調查 年月日	練習開始前	1978 年 10 月 12 日			
	結構終了時	1979 年 5 月 11 日			
公司名	F公司	所屬	工務課	職稱	課長
姓　名	N・T	性別	男	年齡	43 歲

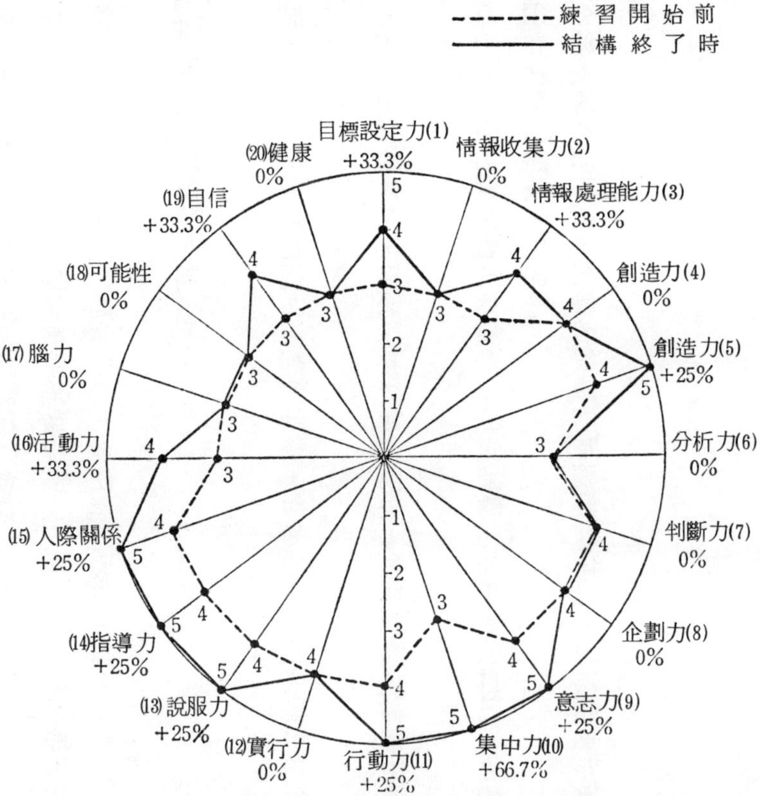

〔自己評估〕　　平均值　＋17.5％

如圖所示，是任職於一所中小企業的課長，也是來此訓練的會員N・T氏（男，四三歲）其訓練前後能力的差別。其集中力提高了六六・七%，總平均值提高一七・五%，顯示能力均大幅提高。亦即表示使心情保持沈著穩靜的狀態，來提高集中力，能使能力大爲提高。

2 疲勞是精神集中的最大尅星

當我們通宵達旦準備考試或工作後，就如我們在激烈運動後，想要記住東西或集中精神持續做一件事一樣，是絕對無法牢記的。

此時不要勉強自己，只要稍作短暫的休養，經過休養後疲勞消失，便能提高精神集中的效率。

亦如第二章所敍述的生命力。生命力對身體的休養是十分重要的。如果勉強自己，恐怕會形成破壞身體的原因。因此必須在疲勞消除後才能記憶。

例如我們可以看見高速公路上的標語，指示司機若很疲倦時要好好休息，因爲開車非得集中精神不可。

3 最重要是有「集中注意力」的自信心

我那位飛行員朋友，又說了下面的事。

「當我心情沈穩時，我認爲最重要的一點是必須具有『集中精神，以便離地或著陸』的自信心。若無此自信心，則恐怕無法操縱。當我有信心時，我甚至自信終有一天會成爲機長。」

類似以上的事，若是握著方向盤時，即會有此經驗。

如果你感到身體情況不佳，因爲某種原因而無法集中精神等現象，在駕駛時絕不可發生，否則會突然對開車感到害怕。

每次發生事故時，多半是顧慮太多才會發生的。

同時在疲勞或爲事情掛心時，多半無法集中精神，因此若知道精神無法集中就不要開車。只要休息，即可排除無法集中精神的狀態，否則長久之後會造成精神無法集中的習慣。

除此之外，最好如此想「我喜歡看的電視節目或小說均可清楚的記住。我本來就是一個精神能集中的人。」

如果能如此想，集中精神的狀態可重現，久而久之就能養成「我能集中精神」的習慣。

第二章中「記憶和集中的結構」若能了解，相信其理由即相當清楚。

4 利用適合自己的方法

一位喜愛打高爾夫球的朋友，曾說以下的話。

「我在附近的高爾夫球中心，練習打高爾夫球成績很不錯。但是，當我到高爾夫球場的綠地時就打得不好。爲什麼在高爾夫球中心會打得很好，而進入綠地中就不行了呢？我考慮諸多因素，發現在高爾夫球中心的周圍放著很多球，一旦打得不理想，可以一次又一次的重新打，而在高爾夫球場卻不能一次又一次的重新再打。所以我知道是因爲高爾夫球中心放著很多球，可以反覆再打，以致心裡感到很安心，可以從容不迫也不會有緊張感。

當我注意到這點後，我到高爾夫球場時在周圍放幾個球，同時內心想著我可以輕鬆安心的打球，不在乎成績的好壞，於是便能從容不迫的打球。從此以後，我打球的成績不斷上升。人類實在是一種不可思議的動物。」

就如我那位打高爾夫球的朋友般，人人集中精神的方法各有不同。有人必須聽音樂才能集中精神，有人必在寂靜中才能集中，亦有人得在整理得有條不紊的房內才能集中……。可見每個人集中精神的方法完全不同。

由此看來，集中精神的狀態，在我們練習集中時所唱「最好的習慣狀態」，就能造成最易集中精神的狀態。可知，每個人都擁有「最好的習慣」。若能善加利用，就是提高集中力最佳的方法。

5 對集中的對象必抱强烈的興趣

「來吧！再用力一點。」「這樣可以嗎？」「OK！就是這樣。」

這是我和朋友W兩人，在捕野鳥的情形。

當時，在孩子們中，每個人都會飼養幾隻野鳥，大約是二、三隻。而我和W卻飼養約二〇～三〇隻，對我們來說一次飼養二〇～三〇隻野鳥，是多麼驕傲的一件事，即使現在想起來也覺得很有趣。

興趣是主要的原動力。我們進行張網的動作，經常要花費相當長的時間，但是我們卻能集中精神來張網。「一次同時飼養二〇～三〇隻野鳥的情形」是多麼有趣的事，也就因爲是我們有興趣的事，更能集中我們的注意力。

對工作絲毫無法集中精神的人，可能是因爲沒有興趣，相反的，也許他們的集中力是在麻將及高爾夫球上。我的孩子也一樣，對讀書始終無法集中精神，可是他們的興趣大約都在觀看電視上。

當你想到有興趣的事時，這些有趣的事即會映在你腦海中。

因此，我們可抱著有興趣的想法來回憶，於是很自然的你能使自己恢復到精神集中的情況。

6 迫切感和緊迫感能促進集中力

光是三分鐘時間，就能將迄至目前爲止的人生，或以後的人生凝縮的運動，即所謂的拳擊運動。

根據拳擊界的傳說，有一個曾贏得AB級冠軍的拳擊手，就有一段艱辛的奮鬥史。

被稱爲「草原之野牛」的拳擊手單薄西，他與路易士・菲爾博的比賽可說是轟動全美的一場比賽。此次比賽由單薄西取勝。其贏得的獎金大約爲日幣七億二千萬元。

而單薄西贏得此次光榮勝利的主要原因，得惠於他貧窮的少年時代。

單薄西的父親靠拉小提琴所得的微薄收入作爲生活費，當年他帶著妻與子在全美各地巡迴表演。

有時，他們回到居住的科羅拉多的山上，經過旅途的疲憊後，仍必須爬上一〇〇〇公尺的高地，其母親因體力不支而累倒了。

由於母親生病，不得不立即將她帶到地勢較低的地方，否則會有生命危險。於是，父親就讓母親抱著孩子搭車，而自己則在後面追趕著。因為靠拉小提琴為生的父親，僅能付出妻子一人的車費。而當時孩子年紀尚小不須車費。

結果在車中，發生令單薄西改變一生的事。

當時，車站沒有設剪票口，乘客可自由的搭乘，然後上車後才由車掌剪票。

母親帶著單薄西也搭車。

當剪票時，車掌就對母親說：「小孩也要付車費，否則不讓他下車。」

此時，單薄西已八歲。因此他必須付半票的車費，否則不能下車。可是，他們卻沒有錢付車資。

如果不讓他下車，母子勢必遭到生離死別，但對於一個身無分文八歲大的孩子來說，在廣大的美國領土中，又該何去何從……。

「像我這身病的樣子。我能怎麼辦……」

母親垂頭喪氣的說，車掌卻頑固的不接受母親的要求。當火車到達終站時，母親束手無策，就在衆人面前放聲號淘大哭，不顧在旁的許多乘客。

發生這件事，在年幼的單薄西心中，深刻的留下無錢的痛苦，也是對他一種嚴厲的教訓。

所以在他得到這筆獎金時，作了以下的追述。

「因此，我下定決心。等長大後，我絕對不讓人家說不准我下車。我為母親在衆人面前哭泣感到難過。所以當時我就發誓，將來一定要做一個偉大的拳擊手，賺很多錢……」

接著，他又說：

「我雖然常被挨打，甚至被打傷，肋骨也曾折斷過。但是都不是眞正的苦痛。不管被打的程度是輕或重，我都心平氣和的接受。當我站在競賽場上，內心反覆回憶著：『絕對不輸給任何人。任何人都打不倒我。不管遭遇到什麼樣的挫折，我都會繼續打下去。』如果不這麼做，我將再度回到貧困的生活方式。而我怎能忘記當初受到創痛的難堪經驗呢？」

至目前爲止所歷經過的人生，或將來還要前進的人生，若在三分鐘的時間內讓你作決定，你究竟要採取什麼樣的行動呢？是想成爲一個悠哉、凡事無所謂的人？或是要成爲一名堅強的勇者？

除此之外，提高集中力中迫切感和緊迫感也是極重要的兩點要素。

例如在通狹間作戰的信長，他只率領四千名士兵，竟能抵抗今川勢的四萬大兵，因爲他有若不向前進，就會遭致死地的迫切感和緊張感所致，所以打敗了敵軍。

7 對事情抱快樂的心情就能集中精神

我小時，祖父經常把我們幾個孫子喚到跟前。告訴我們一些啓示，其中有苦事亦有樂事。

「我該來扛米了（當時，祖父正經營米店）。雖然米包很重，但若是將它想作是送給女友的禮物，即使再重也不覺得苦。」有一次喝過酒後，他告訴我們這件事。

一九七八年九月所召開的女子二〇〇公尺自由式游泳比賽，以一分五八秒二三破世界記錄的瓦特賀德選手，曾作以下的敍述。

「對我而言，除了游泳以外，沒有其他比游泳更讓我喜好的事。即使每天游一萬或一萬六千公尺，都不覺得苦。因爲有着對游泳的這股狂熱，所以才能使我創新記錄。」

瓦特賀德選手是一名十五歲的高中生，身高一六二公分，體重五十四公斤，在游泳選手中是屬於嬌小型的。她除了年齡與其他選手相同外，有些選手甚至身高是一八〇公分，體重七〇公斤以上，而她卻能壓倒強敵取得優勝。當問及她獲勝的秘訣時，她表示「快樂的游泳，並集中全力來游。」這就是她比賽的游泳哲學。

我們若能以如此快樂的心態來做事，相信自然能集中注意力。

8　決心也是集中精神最重要之點

身爲一位職業選手，除需勤練本身的技術外，尚要有自己認爲適合本身技術的眞正自信心。其技術乃在嚴厲的練習中產生。

練習的心態考慮，使職業選手和業餘選手有如天壤之差。因爲一旦疲倦就停止練習，對職業選手來說是不可以的。職業選手即使在很疲憊的肉體上，也必須再鞭策重複練習，才能成爲職業選手，這是很重要的原因。所以在內心中必須有「我是靠它吃飯，別無他路。」的想法。

即使在疲憊的情況下，還是必須要堅強的撐下去。隨著練習逐漸提高集中力，結果就能獲得優秀的技術。

「棒球之神」川上哲治氏曾說：「我想停止打棒球」，但是每當我想到我是靠它吃飯時，我就必須撐下來。

藤吉郎墨俟當初築城時也是靠此信心而來。現在社會上一般情況是，專務、常務委員做不好的事，就推給部長、課長，若又做不好，就推給社長。

做不好，就儘快回家去吧！如果你自認可以做得很好，就不必擔心會遭到記恨及反感。就像藤吉郎一樣，他雖出身低微，但由於他發誓要統治亂世，所以下定決心實踐諾言，決不放棄任何一項統一亂世的機會，最後他終於成功了。

我們常聽到「不入虎穴，焉得虎子」。集中力就和這句名言的教訓相同。

如果不進入虎穴，就不會受到傷害，但是卻得不到虎子。所以你只好碰碰運氣進入虎穴，也許可能因此得到虎子。但是當你打算入虎穴以前，必須在內心中立下堅定的決心，同時集中精神來應付這件事，方能順利完成。

9 擴大印象

一九世紀英國一位優秀的化學家兼物理學家麥克・法拉第，「研究有關電解質，是以二個原子的動態作印象來思考……」結果他想出一個有名的電氣分解法則，名曰法拉第定律。

據他指出「身為一名創造性的科學家及專家，必須有一切超然的精神來思考，每天均沈溺在問題的動態中，甚至把自己當作是跳躍的分子，如此擴大印象來想像。以分子的力量促使自己思考。他雖然是人類，但比喻為分子般可來回反覆運動。在瞬間，把深奧的公式解析出來，分子的作用便是用自己的感覺發展出來的。」

愛因斯坦也說：「在思考過程中，以自己為考慮的對象，例如：原子、光子，擴大印象來想像。於是腦海中可很迅速的理解，並發現新公式。」

如此一位偉大的發明家及科學家、藝術家，均是將自己比作對象，並擴大印象來思考。

我們不管在何時集中注意力，都必將所想像的對象當作印象擺在腦海中。如此將想像的對象以印象來擴大，即可提高集中力。

10 嚐試作預測

對推理小說感到有興趣的人，如果嚐試推理故事會覺得很有趣。他們把自己當做是故事中的刑警，想像自己是故事中的主角，心中的動態隨故事的情節在改變。例如「現在和主角打招呼的男人是兇手，還是被害人的朋友S才是眞正的兇手。眞相到底如何……」有了這個想法，內心會隨情節有高低起伏的動態。

對賽馬、賽車有興趣的人，通常會事先做預測，此時他們多半可以集中精神。以此事加以考慮，在做預測時必須集中注意力乃是不可或缺的要素。

藤吉郎順利的築城而又打敗敵軍，完全得力於他事先作了預測。諸如藤吉郎之人，他把自己置身爲敵人的立場，所以能一清二楚地掌握住對方的底細，主要肇因於能集中注意力所致。

我們如能預測未來，足使本能感到喜悅。藤吉郎就是這一類最好的典型。若說藤吉郎的築城，是預測的勝利例子一點也不爲過。

11 決定期限

在俱樂部一天的活動中，進行比賽項目及運動，往往令人感到疲倦。若你一直想到今天和以前一樣要進行運動的話，感覺便很容易疲憊，這樣就無法集中記憶力來練習。若你想像這是「一小時就可結束」的最後衝刺，則可提高精神來訓練。

上班時，上司表示明後天必須將此事完成，或馬上要完成兩者相比較，你心情的變化會有何差別？

我的故鄉靠近谷川岳。有一位喜歡爬山的朋友，很羨慕我，他常常告訴我，他爬過幾座大山，可是我很遺憾，一次也沒有爬過。因爲我認爲住在山邊，根本不需要再爬大山，每天都在爬小山了。而有名的登山家危瀨先生，亦是在山中長大的，他以前也不曾爬過大山。

在學生時代我曾划過五次雪，如果不是學生時代，我想我是沒有機會學划雪的。

對於我們所謂的運動，如果認爲隨時均可進行的話，就不會鞭策自己去實行。所以最好是定一個期限，將集中力貫注在那一個期限內，方能迅速的達成目的。

12 適度的休息有助於集中

慢跑或慢跑式的賽跑運動，在不知不覺中可訓練一〇〇公尺的慢跑競賽。劍道也可用類似的方法來練習。例如：我們可在練習二〇～三〇秒後作大約一〇秒的休息。如此反覆的方法有助於提高集中力。

當你思考某一件事時，也必須有充分的休息，方能提高集中力。如此作短暫休息，有助於消除疲勞。反覆練習後再休息，則可將思考完整的理出頭緒。

阿基米德受國王之命，調查皇冠含金的純度，但是不准將皇冠損壞。阿基米德想了各種方法，但都想不出有效的辦法。一天又一天，他反覆思考這個問題，可是一直沒有答案。直到期限快過了，他莫可奈何的擔心如何向國王交待。最後一天他仍想不出辦法，只好停止思考去洗澡。此時他突然發現屋外射進來的光，及澡盆溢出來的水，使他想到浮力原理，也就是衆所皆知的阿基米德原理。

如此長時間的集中精神不一定有效果，在集中記憶期間也該稍作休息，然後再度集中記憶力。所以休息可說是集中記憶力的潤滑油。

第六章　提高集中力的方法

1 提高集中力的方法

(1)**第〇階段**……首先須確定目標

進行提高集中力的訓練之前，與提高記憶力的情形相同，其先決條件就是要先確定目標。其理由第四章已敍述過。

(2)**第一階段**……使身心弛緩的狀態

本主題在第四章也曾做過說明。其理由亦同。

1 使身心保持沈著。

2 使身心消除疲勞。

以上是提高集中力的兩項要點。

例如一把名琴，若將它保存下來，在使用時必須使弦栓緊，不使用時則將弦鬆緩。人也是同樣的道理，「弛緩」是使人身心舒暢的重要原因。

(3)**第二階段**……回憶過去美好的印象

如第四章介紹的，在提高記憶力時，第二階段「關於對象存在過去美好的印象」或「記憶本身保存的過去美好印象」兩點不斷回憶外，在提高集中力的情形，我們也必須回憶著，「對於對象存在過去美好的印象」或「對集中力本身也必須回憶過去美好的印象」等。

例如：對工作我們若想提高集中力，則在工作上必保持過去美好的印象。

「想像完成一件工作後，大家可以一起豪飲。那是多麼有趣的事。」「去年年終領一大筆獎金，這筆錢可以去划雪，令人感到很高興。」「業績提高時，上司非常器重。讓人器重是一件多麼興奮的事。」

另外，集中本身必須從回憶過去美好的印象來著手。

「設計機械時，可以集中注意力來設計」「最近對客戶說明商品的消費情形時，均很樂意爲顧客解說。所以顧客很欣賞我的才華」等。

此所謂過去美好的印象，也就是能喚起集中注意力及過去快樂的事。同時也是教導「如何掌握自信心」及「集中注意力」的方法。

接著，第二步驟：

3　必須擁有集中的自信心。

4　適合自己的集中方法。

5　對集中的對象抱很大的興趣。

以上三要點是提高集中力的要素。

(4)**第三階段**……想像未來美好的印象

為了使未來的美好印象成具體化，我們可以試著想像，再如此下去將來的前途會如何，使內心存有腹案。如果我們能藉着想像未來美好的印象，將會對於提高集中力更有幫助。所以在你希望達成的目標的同時，應給自己在未來充滿緊迫感與迫切感，亦即隨時鞭策自己。

第三階段的兩項要點如下：

6　充滿迫切感與緊迫感。

7　想像快樂的事。

均是提高自己有足夠集中力的條件因素。

(5)**第四階段**……回憶整體性的印象

隨著回憶問題的印象，可使知道的事與不知道的事加以清楚的劃分，同時還可以分析得知自己為什麼要如此做，以及必須如何做明確的劃分，且能預測到底會發生何事。我們若能預測自己未來可能發生什麼事，便可事先警告自己將來的行動。

藤吉郎在短時間內完成築城，就是因為他在腦中回憶整體的印象，來探測敵人的動態，甚至連天候的變化也難逃他的預測。

當你進行在腦海中回憶而浮現整體印象時，必將整體的結構，清楚反覆的加以思索，如此你便能提高集中力。

第四階段中學習如何提高注意力的四要點：

8 事先定腹案。

9 擴大印象。

10 嚐試進行預測。

11 決定期限。

以上敍述的四點應儘可能照著其方法進行，以便明瞭何時放鬆全身力量使身心完全休息，必須從事那一種工作？自己都可以事先做預測。

12 適度的休息。

此爲提高集中力所剩的要點中，最接近自然身體的一項。

在各階段具體性提高集中力的方法，與提高記憶力的方法相同，最重要的是必須實際進行，現在就以實例來加以介紹。

2 使讀書效率提高2倍

▨確定目標為先決條件

日本大學法學部的M君於一九七八年二月來拜訪我。M君從京都大學理學部畢業後，經過詳細的思考希望將來擔任推事，所以他說：

「我從雜誌中得知推廣印象控制的方法。在記憶力方面，從前我就有些許的自信心，而集中力方面就不太有自信。爲了提高集中力……」所以到這裡來。

M君在當月的研究會上出現。他已確定「目的」，所以利用「卡片法」（參照前述「我的心腹中」）來進行目標。在研究會的二小時中，此期間若要將目的整理出頭緒是很困難的。所以，M君在隔月的研究會中，將目的歸納起來，且定爲一週的時間。

如此花費一段時間後，才能確定好目的。但隨著時間的增加，目的逐漸明朗的例子也很多。

浮現過去成功的體驗

M君在第一階段中進行「使身心保持鬆弛」，若能讓全體人員一起進行效果較快，約三週左右就可以來練習。此時基本印象，可從「跳入澡盆，使身心緩和」開始。

第二階段，「高中時英文單字及中文都很簡單，短時間裡就可以記住」、「高中時，數學及物理等問題均可解答，但時間一久又會忘記，不過仍可集中精神來思考」等可回憶出以上美好的記憶。

研修後的M君對我說了以下誇獎的話：「我曾做高中時的印象回顧，回想的都是當時頭腦的脆弱。如今對憲法條文記憶方面比半年前的速度高達好幾倍。非常感謝印象控制法……。」

其次，M君進行第三階段「構思未來美好的印象」。依照前面「我的將來計劃」之方法，來進行頭腦構思的作業。

▨將一次就記憶住的事確實回想出來

在第四階段時，M君作以下的表示：

「從小我就對自己的記憶感到很得意，但是自從我知道印象控制法後，我便希望能練習看看，以期加強記憶力，可是始終未正式實行。終於我實行了印象控制法，接受印象控制訓練後，我對許久以前的事，均能在腦海中逐漸清晰記憶出來。而且，記憶的速度也比以前高出很多。」

如果讀了本書覺得有疑問的人，可以實際嚐試印象控制法，相信由訓練中一定會有與M君同樣的體驗。

3 集中力和記憶力可替你打開希望之門

▨配合本身的目標從事情報處理

最近一位就讀國三的T君，由其母親帶到我研究處，日期是一九七八年六月。

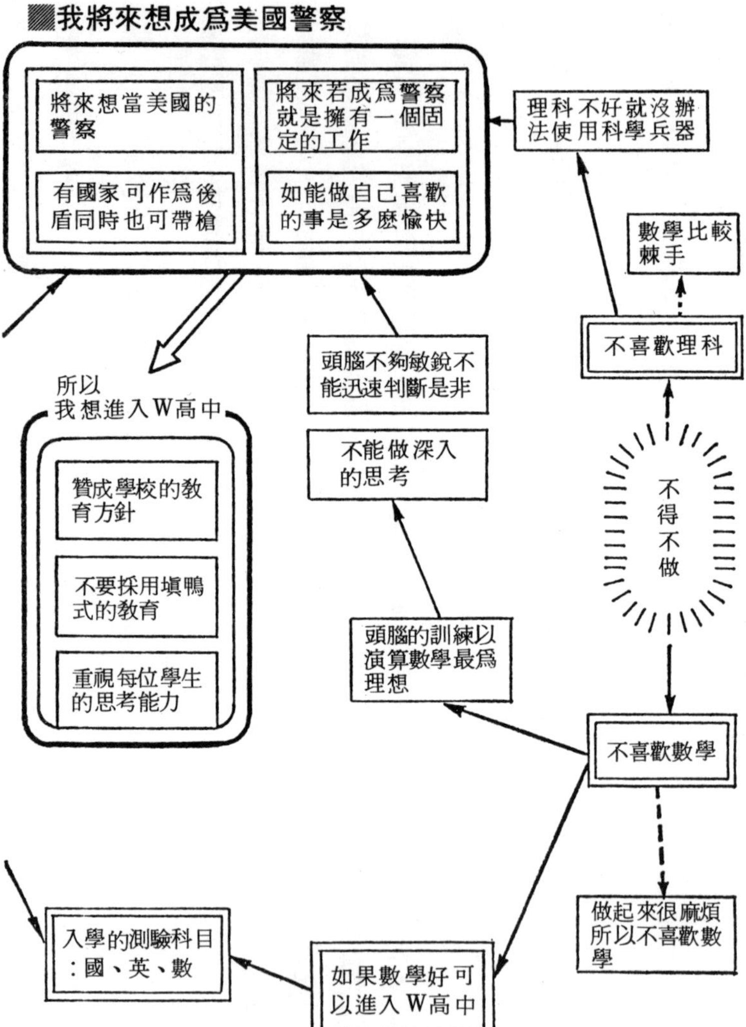
我將來想成為美國警察
將來想當美國的警察
將來若成為警察就是擁有一個固定的工作
有國家可作為後盾同時也可帶槍
如能做自己喜歡的事是多麽愉快
理科不好就沒辦法使用科學兵器
數學比較棘手
不喜歡理科
頭腦不夠敏銳不能迅速判斷是非
不能做深入的思考
不得不做
所以我想進入W高中
贊成學校的教育方針
不要採用填鴨式的教育
重視每位學生的思考能力
頭腦的訓練以演算數學最為理想
不喜歡數學
做起來很麻煩所以不喜歡數學
入學的測驗科目：國、英、數
如果數學好可以進入W高中

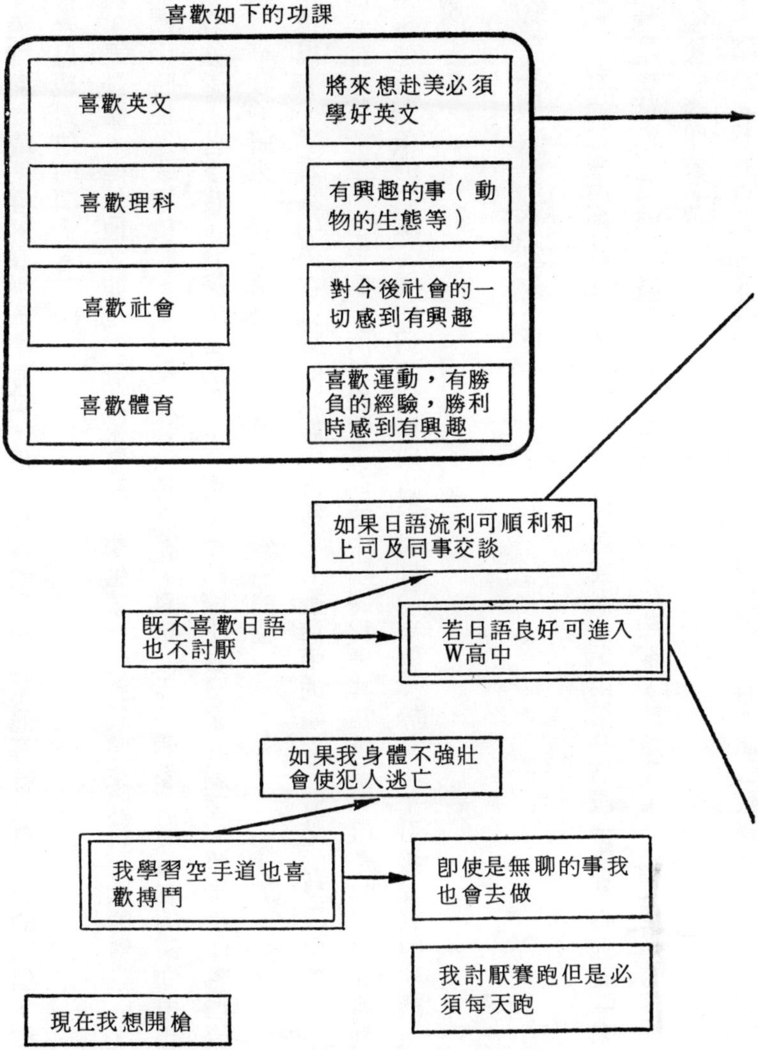
喜歡如下的功課
喜歡英文
將來想赴美必須學好英文
喜歡理科
有興趣的事（動物的生態等）
喜歡社會
對今後社會的一切感到有興趣
喜歡體育
喜歡運動，有勝負的經驗，勝利時感到有興趣
如果日語流利可順利和上司及同事交談
既不喜歡日語也不討厭
若日語良好可進入W高中
如果我身體不強壯會使犯人逃亡
我學習空手道也喜歡搏鬥
即使是無聊的事我也會去做
我討厭賽跑但是必須每天跑
現在我想開槍

T君即將面臨明春的高中入學考試，但是根據他母親表示他卻絲毫無讀書的意願。顯然T君無法符合母親對他的期望。

與T君談話，得知他並非是一個看來悠哉的學生，「他希望將來成爲美國的警察」，當然「他希望高中時能進入W校」。T的話並非無稽之談，只是做爲一個學生所擁有的保守思想而已。

當我知道這些事後，我與T君商量，利用卡片法談T君將來的願望。將卡片作整理後有以下的結論：「我的將來。我希望赴美當警察。」（參照前圖）。

在這以前，T君腦中仍在朦朧的狀態中之後，其腦海中的輪廓已清楚的呈現出來。

因爲他希望能至美當警察，所以學習目前的中學課程是非常重要，但是此時他遭遇到最大的困擾是，他所厭煩的功課，要如何才能變成自己喜好的事物。於是，T君接受我的建議，進行印象控制的方法。

停止腹瀉，感到舒暢

由於T君的目標已經確立，所以開始進行印象控制法，由第一階段「使身心弛緩」來練習。T君躺在草地上，面向著天空，開始進行基本印象練習，於是產生「躺在漂亮的草地上，心情輕鬆愉快」的印象。

第一階段熟悉的時間，大人約一個月左右，中學生如T君因頭腦較靈活，其熟練程度更快，

T君的性格變化……性格判定表

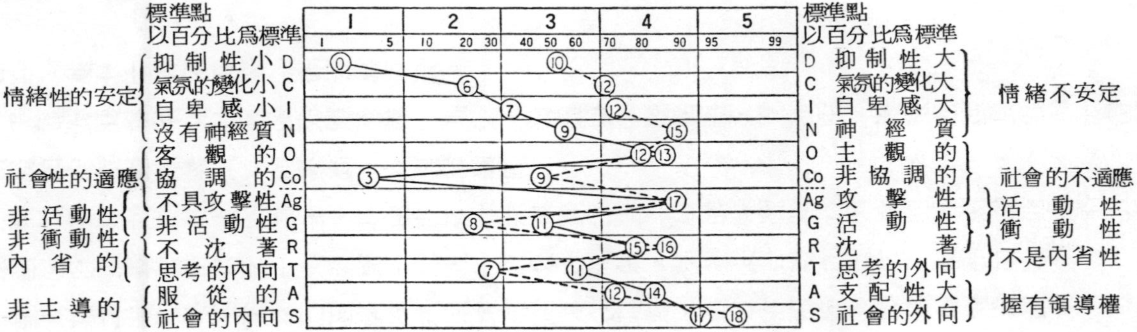

	年月日	E系統值	C系統值	A系統值	B系統值	D系統值	判定	線的種類
開始前	1978.6.16	5	2	2	8	4	B	虛線--------
系統終了時	1978.8.1	1	3	4	5	7	D′	實線———

約二週的時間。在一分鐘之內閉眼可緩和緊張而變得輕鬆愉快。當然此期間若要張開眼，而感到輕鬆愉快似乎不太可能……。

此時T君已感到自己有些變化。因爲每年春夏期間的週期性腹瀉，今年已完全消失。同時他也感到自己臉色變得健康紅潤。

練習一個月後，T君從第二階段進入到第三階段。

此時T君的情形，不管在學校或家裡，均一改從前而能積極的集中精神來唸書。

安定的情緒可提高成績

進入第二個月後，T君已逐漸熟悉印象控制法的訓練，所以在研究處的訓練便告結束。接著在家裡，利用錄音帶每天一次持續一〇～一五分的訓練，使各式各樣的能力不斷增加。

至於T君性格檢查的結果，可由前表「性格判定表」得知。將進行印象控制法的前後作比較，情緒的安定性顯然比以前提高，且更爲協調。

T君從此數學及日語的成績不斷的進步，終於他如願的進入W高中。後來他遇見我時「精神百倍」，並且「神采奕奕」的對我寒喧。

4 提高集中力三倍的通產省公務人員

理解理論使進步更為迅速

T君訓練結束後，緊接著一位來自通產省的年輕公務人員，經朋友的介紹來我研究處。

當他與我談話時，從口袋中拿出一本筆記。

「因爲我有煩惱的事，所以想以印象控制法來解決。從朋友處得知，印象控制法不僅能提高創造力與記憶力，尙可開發綜合性的能力」他作了以上的表示。同時，我也發現他筆記本中寫了以下幾點：

①工作時無法集中注意力②工作時感到痛苦③沒辦法和其他人（尤其是女性）自然交談④自己幾乎無法將工作的事記憶起來⑤自卑感太重⑥很難愛護其他人⑦不容易和周圍的人打成一片⑧思想很複雜。

「我聽說印象控制法很有效，我不敢奢望一次將事情完全解決。若能把以下三點略加改進，我就感到很滿足了。

一、要有集中力。二、必須有與人交談的表現力。三、使心情沈著，且具有使氣氛轉爲融洽

▨F氏的能力變化……能力判定表

調查年月日	練習開始前	1978 年 7 月 21 日			
	結構終了時	1978 年 9 月 4 日			
公司名	通產省	所屬		職位	事務官
姓名	T・F	性別	男	年齡	25 歲

------ 練習開始前
—— 結構終了時

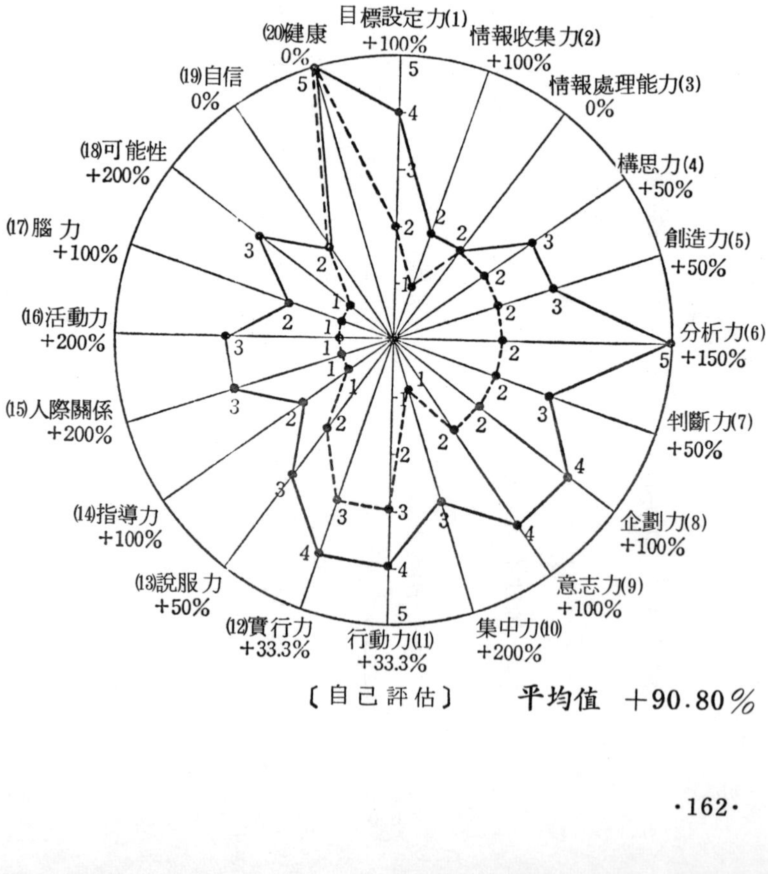

〔自己評估〕　平均值 ＋90.80％

▨F氏的性格變化……性格判定表

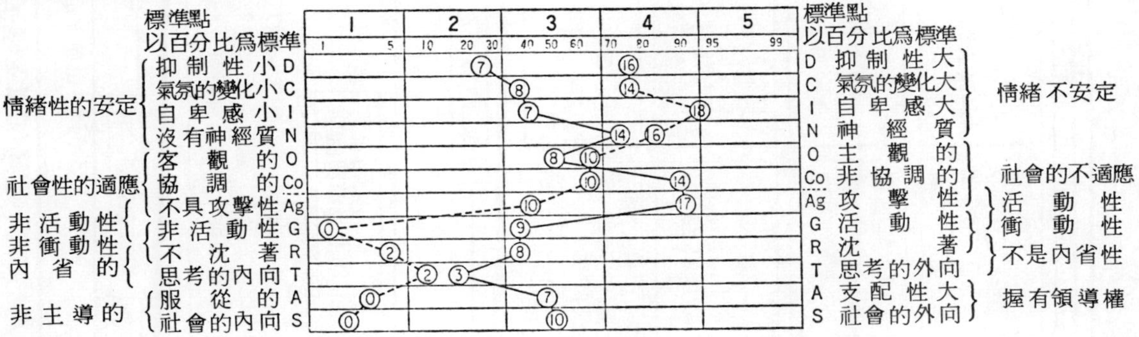

	年月日	E系統值	C系統值	A系統值	B系統值	D系統值	判定	線的種類
開始前	1978.7.21	9	5	3	4	0	E	虛線-------
系統終了時	1978.9.4	3	2	7	3	1	A'	實線——

每天過充實的生活

希望能做得很好

確定自己應該做的事

- 確定自己為什麼進入通產省，究竟為何工作
- 明確自己在工作場所中能做的事和能力
- 希望能擁有好的家世和地位

希望擁有工作能力

- 希望自己擁有得意的本領
- 對經濟方面的問題很有心得，在工作上能貢獻智慧、頭腦，對新聞雜誌分析力強
- 擁有富彈性的思考力和創造力，且勇於向上司表現自己的能力
- 提高英文能力希望明年能考上留學考
- 提高工作效率，能隨心所欲做自己想做的事
- 和別人談話時能集中注意力，並增加自己的知識
- 加強閱讀能力和記憶力
- 希望能明瞭對方的想法，自己能在朋友及同事面前被肯定

由讀書來提高智慧的教養

- 閱讀一些有興趣的書籍，不僅是工作方面的知識，也讀具有人情味的書
- 閱讀歷史小說以了解歷史的演進，成為和人交談的話題

提高興趣的範圍，成為有人情味的人

- 圍棋有相當的段數
- 精於麻將常常贏很多錢
- 能輕鬆愉快的打高爾夫球
- 第一次即可順利划雪
- 在旅行、郊遊時，可增進許多知識
- 希望能順利打硬式網球
- 希望能買一部車，帶女友出遊
- 存更多的錢，以備行動的財源

希望對社會有所貢獻，

喜歡工作而且

希望能熟悉工作環境

在工作環境上能與人和睦相處、提高工作效率、能變換氣氛

每天早晨，均擁有輕鬆愉快的心情上班

和機關裡的女性可以輕鬆的交談，在工作時不會發生任何困難

在工作場所遇到熟人時，能很自然且以輕鬆愉快的心情和人打招呼

午餐時大家能快快樂樂的一起進餐

希望能和女孩子快樂的談話，最好是愛人

希望有女朋友

希望要一位漂亮、腦筋又好的太太

希望能和更多熟識的朋友一起享受生活

希望能和其他人輕鬆愉快的談話

希望能擁有各種典型的朋友，使自己的人際關係擴大

希望能結識各種典型的人，並提高視野和見聞

希望受到別人尊敬、快樂地和朋友談話

不要太內向希望成為一個積極的人

希望能保持和悅的氣氛，經常精力充沛，做一個反應敏銳的人

希望停止自我批判

不剛愎自用、劃定界限，能容納他人的友誼

不在乎別人對自己的看法，有自己的中心目標

希望臉部不會緊張、腦筋鈍化

不僅工作認眞且幻想豐富，極受他人歡迎

成為能源問題專家，有自信會被上司肯定

在會議席上能踴躍積極參加議論

能集中精神工作、談話時內容條理分明對上司有說服力

對工作覺得輕鬆、有興趣，同時能積極的工作

的柔軟性格及改變氣氛的彈性」。

F君是東大法學部畢業，他所說的話層次很清楚、有條理。

當我聽到F君的想法，就在F君的能力及性格上作一番調查。其結果由圖中能力判定表、性格判定表即可了解。其能力、性格有激烈的萎縮狀態。於是在回家後，開始進行印象控制法的預測，如前曾說過。知識程度愈高的人，因爲了解印象控制法的理論，所以效果更爲顯著。

在第二次進行時，照例使用表格，以「自己究竟想做什麼」之標題給予編彙。其結果，形成前表所述「我想做什麼」相吻合。

其次再進行訓練，「目的」即在第一次時已確定的三要點。

F氏雖只有二十五歲，但他不像時下的年輕人一般，他非常喜歡洗溫泉澡。因此在第一階段中，可改爲「進入溫泉心情很舒暢」爲基本印象的標題。

剛開始我們必先對理論之事有所了解，再加以記憶，以便練習時較順利進行。半個月後會有以下的報告。

「託你的福，我和別人談話均能輕鬆愉快，加上感情起伏上很順利，和他人有很好的人際關係」等結果。

▨頭腦不靈敏的人，必先從脚步開始訓練

F氏在通勤的電車中每天讀本書。第一次和朋友及女孩子的談話，顯得話題很少，每當他一覺得困惑就說不出話來……。

於是，我立刻轉告他關於語彙和印象的情報量。

「如果你想擁有話題，或想要有靈敏的腦筋，就先在電車中看本書。只要你練習一段時間，相信情報量會獲得很多。

鄰居女性穿紅色毛衣藍色外套，項鍊是○○牌。鄰居一位白領階級，是一個有偷竊壞僻的人，更不可思議的是，他走路時會喃喃自語，看人的眼神也很怪異——類似這類情報均可由眼睛得知。這應該都是可做爲「話題」的。

『介天在電車中，我遇到一個喃喃自語的人。』

『現在很流行這種領帶，你戴起來很合適。』

諸如此類作爲談話的資料。」

F氏從第二天早晨起來後不再唸書，專注透過眼睛來收集情報資料。

與F氏相類似的人，大多頭腦較不靈光，有時想法也很善變，所以在此情形下，若能使脚步經常活動，便可給予腦部的刺激。

亦即如亞理斯多德的逍遙學派，從〔S→O〕至〔I．S〕〔W．S〕以至〔I．C〕等給予刺激。

綜合性的能力可增加2倍，性格也可獲改善

印象控制法的訓練每天早上練習三〇分左右，在通勤電車中可由眼睛收集情報。F氏在經過二個月後，終於獲得三項自己所期望的目的。

根據能力調查、性格調查的結果顯示，發現一般都有很多顯著的改善。

關於能力方面，集中力增加三倍、意志力增加二倍，平均改善達二倍以上，性格從情緒不安定轉變爲安定；由內向轉爲外向。持續不斷的進行，可促使改善的範圍更廣潤。

提高能力和改善性格並無年齡上的差異

至目前爲止，所舉的例子大多爲年輕人，同樣的，四〇歲或五〇歲的人，也可以提高能力並改善性格。在印象控制方法中，對提高能力，改善性格並無年齡上的差別。只是速度方面的不同而已，因爲年輕人的頭腦較靈活、理解力較快速……。

根據我們所作的調查中，一個擔任國鐵工作的H氏（四九歲，男性），和東京都一位中型企業地毯批發商負責人A氏（四三歲，男性）之例作爲介紹。

以下是H氏在進行印象控制法後的三個月，A氏則在六個月後的調查結果。H氏的集中力提高二五％、綜合能力提高二四・六％，其性格由平均型轉爲準安定積極型。

▩H氏的能力變化……能力判定表

調查年月日	練習開始前	1978 年 9 月 5 日			
	結構終了時	1978 年 12 月 11 日			
公司名	國鐵職員	所屬		職位	
姓名	S·H	性別	男	年齡	49 歲

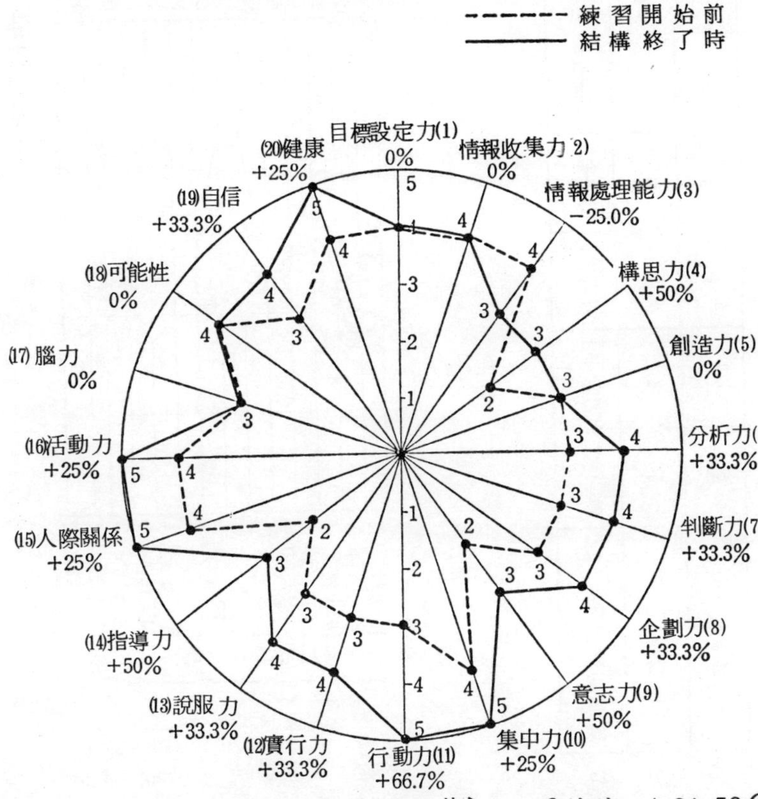

〔自己評估〕　平均值 ＋24.58％

H氏的性格變化……性格判定表

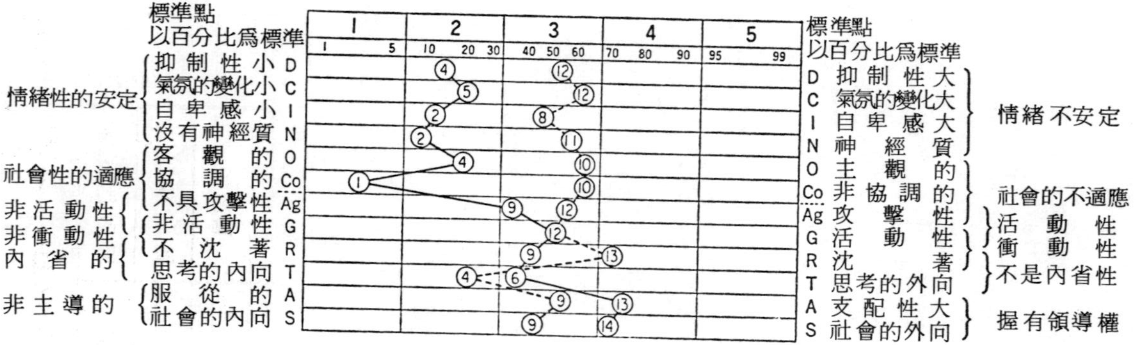

	年月日	E系統値	C系統値	A系統値	B系統値	D系統値	判定	線的種類
開始前	1978.9.5	1	1	10	1	1	A	虛線--------
系統終了時	1978.12.11	0	6	4	2	8	D	實線———

▨A氏的能力變化……能力判定表

調查年月日	練習開始前	1978 年 9 月 12 日				
	結構終了時	1979 年 4 月 8 日				
公司名		所屬		職位		
姓名	S·A	性別	男	年齡	43 歲	

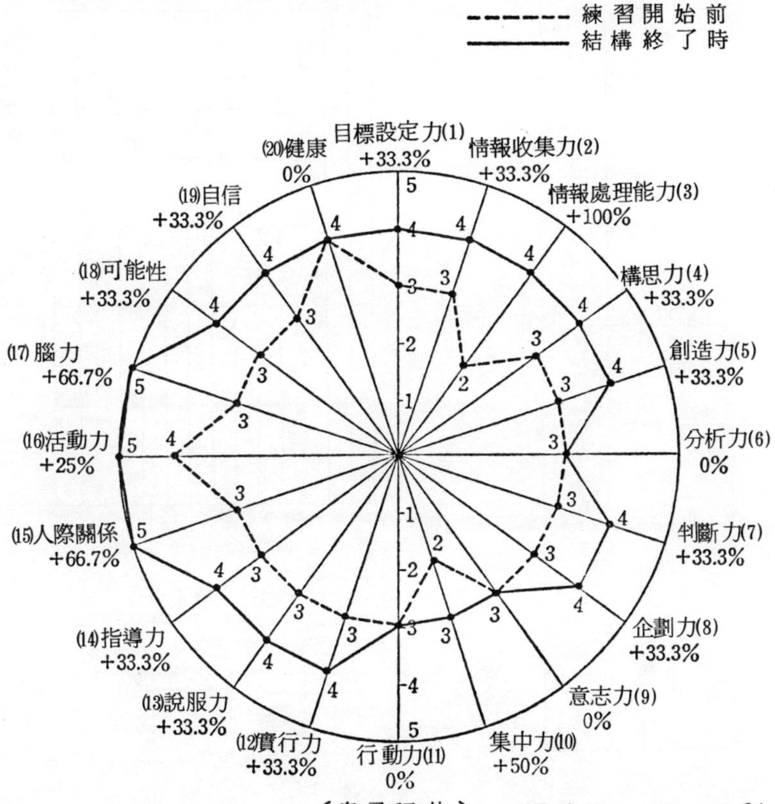

〔自己評估〕　平均值　＋30.41％

A氏的性格變化……性格判定表

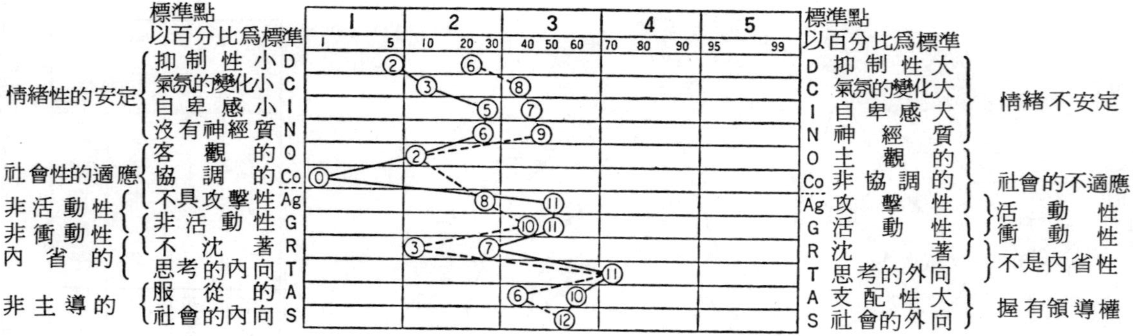

	年月日	E系統值	C系統值	A系統值	B系統值	D系統值	判　定	線的種類
開始前	1978.9.12	2	5	6	1	4	AC	虛線--------
系統終了時	1979.4.8	1	7	4	1	7	AC	實線———

A氏的集中力增加五〇%、綜合能力增加三〇·四%，其性格爲平均型與安定消極型的混合型。

至於性格方面的詳細說明，將參照下面「YG性格檢查類型及其說明」。

5 使你提高業務方面的能力

▨綜合能力開發系統及其效果

至目前爲止所介紹的印象控制法、及自己思考、情報均彙集完成，並以問題點利用圖表法來解決問題，使困難的答案想出來。亦即使用便利的NM法作爲創造思考、構想以及包含企劃及計劃性的目標來達成方法I·C法，爲近來歐美各國最普遍且最有效的問題解決方法。人格轉換法——及嚴格的五法連接配合起來，以廣泛配合印象控制法。

諸如此類，一般以提高綜合性能力爲目標，所以必須進行綜合能力開發系統。

當你學習此系統時，你會對自身的變化感到驚訝，且周圍的人也發覺你有很大的改變。此點可由學習過的人之例子爲印證。

由「綜合能力開發系統效果表」引進企業導入的情形，將個人的情形效果列出一覽表。

▨綜合能力開發系統效果表▨

（企業的情形）

部署	管理職	研究開發	企畫	營業銷售	一般事務	工場
在問題解決以前可縮短時間	◎	◎	◎	◎	◎	◎
發生事故的比例降低	—	—	—	—	○	◎
缺席率降低	○	○	○	○	◎	◎
提高銷售業績	—	—	—	◎	—	—
提高感受性、構思力、創造力	◎	◎	◎	◎	◎	◎
提高分析力、判斷力、企劃力	◎	◎	◎	◎	◎	◎
提高記憶力、集中力、行動力	◎	◎	◎	◎	◎	◎
提高自信、指導力	◎	◎	◎	◎	◎	◎
提高與客戶、部下、上司之適應力	◎	◎	◎	◎	○	◎
加強意志力	◎	◎	◎	◎	◎	◎
再度使性格體制化	◎	◎	◎	◎	◎	◎
使不安、神經過敏、恢復失眠症	◎	◎	◎	◎	◎	○
恢復腰酸背痛、疲勞	◎	◎	◎	◎	◎	◎
恢復慢性內臟疾病	◎	◎	◎	◎	◎	○

（個人的情形）

1. 爲提高自己的啓發性，必須擁有下列多項能力。
   ◎記憶力　◎集中力　◎構思力　◎創造力
   ◎分析力　◎判斷力　◎企畫力　◎意志力
   ◎行動力　◎實行力　◎說服力　◎指導力
   ◎直觀力　◎洞察力　◎自信　◎感受性
   ◎目標設定力　◎情報收集力　◎情報處理能力　◎有幹勁
2. 恢復及維持健康：下列各項有效果。
   ◎失眠　◎不安、精神恍惚　◎食欲不振　◎疲勞回復
   ◎麻將病　◎週一症　◎五月病　◎慢性內臟疾患
   ◎慢性下痢　◎自信喪失病　◎便秘　◎冷感症
   ◎不感病　◎早漏　◎陽萎　◎僵硬
   ◎痔疾　◎精力增強　◎禁酒、禁煙　◎暈車、暈船
3. 美容
   ◎皮膚粗糙　◎青春痘、雀斑　◎變得青春美麗　◎全身美容
   ○起雞皮疙瘩　○神經性禿頭　○過瘦　○過胖
4. 學習的工作
   ◎高爾夫球　◎划雪板　◎網球　◎棒球
   ◎柔、劍道　◎其他的運動　◎麻將　◎釣魚
   ◎習字　◎音樂等
5. 對突發事件具有克服能力。
   ◎預防罹患疾病　◎臉紅症　◎口吃　◎樂天的性格
   ◎在車上防止意外　◎在作業上防止意外

（○：具有效果　◎：特別具有效果）

▨就企業方面綜合能力開發系統實施條例（日本聲寶KK）

▨能力的變化

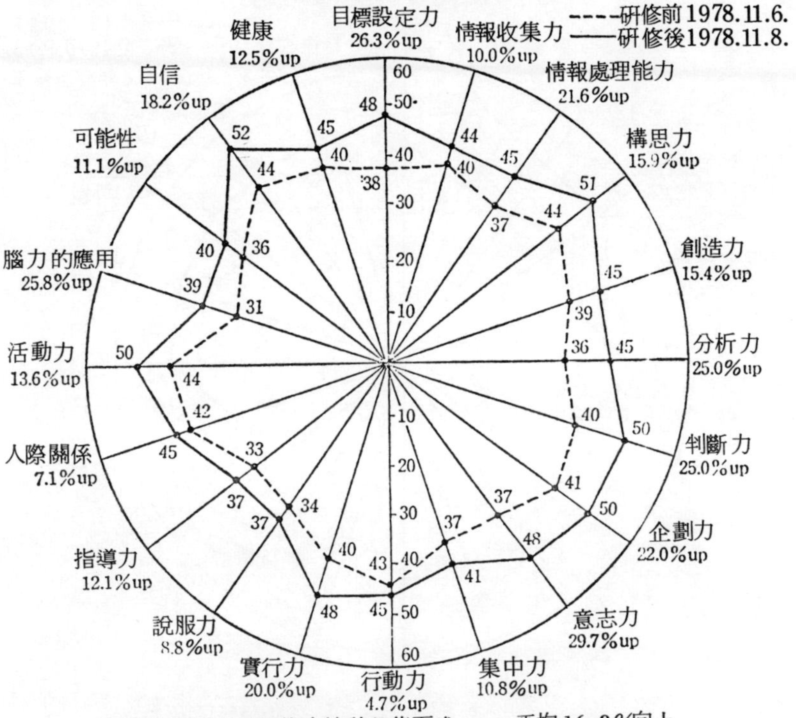

將12名訓練人員的能力統計彙集而成。　　平均16.8%向上

▨性格的變化

類型	研修前得分數	研修後得分數	類型	研修前得分數	研修後得分數
A	0	0	D	4	5
A′	1	0	D′	2	1
A″	0	2	AD	2	0
B	0	1	E	0	0
B′	1	0	E′	1	1
AB	0	1	AE	0	0
C	0	0	A	平均型	
			B	不安定積極型	
C′	0	0	C	安定消極型	
			D	安定積極型	
AC	1	1	E	不安定消極型	

（YG測驗）

1979年綜合能力開發系統公開實習的結果

能力的變化

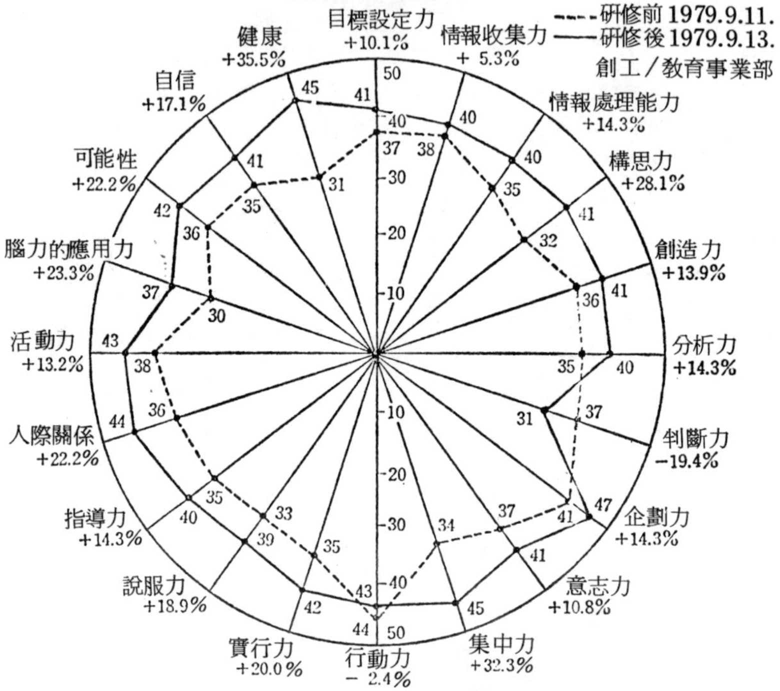

平均15.4%向上

性格的變化

類型	研修前得分數	研修後得分數	類型	研修前得分數	研修後得分數
A	0	1	D	0	4
A′	1	0	D′	3	3
A″	0	0	AD	1	0
B	0	0	E	0	0
B′	1	2	E′	1	0
AB	0	0	AE	0	0
C	0	0	A	平均型	
			B	不安定積極型	
C′	0	0	C	安定消極型	
AC	3	0	D	安定積極型	
			E	不安定消極型	

（YG測驗）

▨能力開發的問卷調查

目標設定力	①設定目標的能力	A極優 B優 C良 D可 E壞
情報收集力	②收集必要性情報的能力	A極優 B優 C良 D可 E壞
情報處理能力	③使用情報彙集的能力	A極優 B優 C良 D可 E壞
構思力	④對工作的思考、創造力	A很好 B優 C良 D可 E壞
創造力	⑤剛開始進行工作可突破困難	A得心應手 B非常得意 C平平 D不太得意 E完全不得意
分析力	⑥分析事情的能力	A極優 B優 C良 D可 E壞
判斷力	⑦判斷事情的能力	A極優 B優 C良 D可 E壞
企劃力	⑧計劃工作、實行工作能力	A極優 B優 C良 D可 E壞

意志力	⑨貫徹始終的能力	A極優 B優 C良 D可 E壞
集中力	⑩集中事情的能力	A極優 B優 C良 D可 E壞
行動力	⑪進行必要事情的能力	A極優 B優 C良 D可 E壞
實行力	⑫進行時能按計畫達成的能力	A極優 B優 C良 D可 E壞
說服力	⑬可讓部下、上司、客戶等周圍的人接受自己意見的能力	A極優 B優 C良 D可 E壞
指導力	⑭對部下或周圍的人有指導能力	A極優 B優 C良 D可 E壞
人際關係	⑮和部下、上司、客戶或周圍的人能達到圓滿的人際關係	A極優 B優 C良 D可 E壞
興趣	⑯對許多事均有興趣	A時常 B有時候 C稍微 D不感興趣 E完全不感興趣

腦力的應用	⑰利用頭腦的方法	A很能運用 B善於運用 C差不多 D不太好 E低下
可能性	⑱對自己的能力有自信	A極優 B優 C良 D可 E壞

自信	⑲對自己有信心	A極優 B優 C良 D可 E壞
健康	⑳對健康有自信	A極優 B優 C良 D可 E壞

YG性格檢查類型及其說明

類 型	A類 （平均型）	B類 （偏右型）	C類 （偏左型）	D類 （右下型）	E類 （左下型）
典型	A型	B型	C型	D型	E型
準型	A′型	B′型	C′型	D′型	E′型
混合型	A″型	AB型	AC型	AD型	AE型

● A類（**平均型**） 完全根據性格的特性所顯示出平均性的狀態，A型、A′型對各種事情均採取調和性的適應力，但積極來看，它是較不易下定義的類型。依臨床心理學的觀點而言，算是沒有問題的人，但是A″型由於偏左右向，所以必須加以注意。

● B類（**不安定積極型**）—**偏右型**— B型情緒不穩定，社會的不安定、社會的不適應、活動性、外向性之人，由於其本身的性格不均衡，以致很容易表現在外，而做出爆發性的行爲，對年少者而言，在環境、素質上會出現不調和、及非法行爲的傾向很強。B′型亦有此強烈的傾向。AB型亦有此傾向，但介於平均範圍中間。

● C類（**安定消極型**）—**偏右型**— 此類型的人是所謂溫和消極性的人，他比較安定、穩靜，但必須留意恐怕會缺乏活動化及內向之點。

● D類（**安定積極型**）—**偏右下型**— 此類型是擁有理想人格之人，其情緒穩定，易於適應社會，在活動性方面與人相的關係十分良好，在學校也罕少發生問題，在社會上的營業成績十分良好。不過此類理想型D型也有其存在的問題ULTRAC D有些方面會顯得趨向右下型的型態，同時必須注意其社會性方面，以免趨向不適應。

● E類（**不安定消極型**）—**右下型**— 此型與D型完全相反，情緒不穩定、非活動性、內向性的E型與E′型之人，具有神經性瘋狂的傾向，在學校可能產生問題，在社會方面銷售業績不佳，也無法順利與客戶接洽業務。AE型亦有此傾向，但對計算、書記的種類、技術有關的行業則頗爲適合。

關於「企業方面綜合能力開發系統實施條例」，乃是從一九七八年十月十六日至十九日爲止，以日本聲寶株式會社的中堅技術者爲對象，所進行企業研修的結果。在目前情報化社會、不確定性的時代中，所培育出來的企業人士，對於必要性的目標設定力及健康方面的二〇項能力，研修前後所作的調查結果是能力平均提高一六・八％。性格方面（利用YG性格檢查表用紙）卻無出現明顯的變化。

「一九七九年度綜合能力開發系統公開實習的結論中」，敝社所進行的綜合能力開發系統的公開實習的結果所彙集統計的資料上，能力方面平均提高一五・四％。性格方面也有顯著的變化。以能力調查刊載的「能力開發調查票」，性格檢查刊載的「YG性格檢查類型及其說明」當作參考的來源。

以上所介紹能力及性格的變化，僅是三個月內研修所得的結果。研修除了可提高能力、改善性格外，深信持續三～六個月的繼續進行，對於提高能力、改善性格將有更巨大的改變。

可參考A・M君（一三歲，男性）、K・Y君（一三歲，男性）、Y・N氏（三一歲，男性）、T・K小姐（四二歲，女性）的調查結果介紹。他們在任何情況下其能力性格兩方面均可顯示出良好的結果。到目前爲止進行印象控制法訓練的人高達九成以上，由此可顯示印象控制法是多麼受人歡迎。而由印象控制法爲主的綜合能力開發系統，除記憶力及集中力外，各方面的能力均提高，性格改善也效果宏大。

以印象控制法爲中心的綜合能力開發系統，乃是在身、心兩方面進行再體制化，使自己希望達成願望的一種方法。在各式各樣部門中，期待印象控制法能提供更有用的參考。

最後，以印象控制法爲中心的綜合能力開發系統，有引進企業的情形和個人使用的情形之區別，以下就如何具體使用加以說明。

企業引進的使用方法及其效果

①ＩＣ法的講義、實習……所需要日數一天＜能力開發的方法＞
↓
②卡片法的講義、實習……所需要日數二天＜提出問題並把握的方法＞
↓
③ＮＭ法的講義、實習……所需要日數二天＜解決問題的方法＞
↓
④人格轉換法的講義、實習……所需要日數一天＜解決問題的方法＞
↓
⑤Ｉ・Ｃ法的講義、實習……所需要日數二天＜達成目標的方法＞
↓
⑥總彙集・質疑解答……所需要日數一天。

注：IC法的實習隨時可以進行。所需要日數，一天以六小時計算。其他，將期間濃縮起來，以二夜三天或四夜五天來進行，每月所需要日數二天，以進行六個月的訓練，配合企業的實際情形來進行各個單元。以每個月所需要日數二天，持續六個月的課程爲最理想。

▨個人使用的方法及其效果

以印象控制法爲中心的綜合能力開發系統，如果引入爲個人使用，其時間上及經費上均較困難。因此敝公司以使用錄音帶的方式來配合練習，茲簡單介紹如下：

・第I部：找尋自我的目標（八卷）

最重要的是必須充分活用身上所具備的能力。

第I部以印象控制法爲中心的綜合能力開發系統，用平易的方式來解說問題，聽錄音帶的人必須充分的活用自身的本能，來開發此種能力。此乃最重要的目的，亦即一邊按照自己所希望的來建立印象控制法的基礎。

第I部的訓練結束後，身上的疲勞感、倦怠感均會消失，記憶力、集中力也大爲提高，工作的效率當然會顯著的增進。此階段會使身心感到輕鬆，而周圍的人也會發現你的態度及性格均有很大的改變。

A・M君的能力變化……能力判定表

調查年月日	練習開始前	1978 年 4 月 15 日			
	結構終了時	1978 年 6 月 10 日			
公司名	中學生	所屬		職位	
姓名	A·M	性別	男	年齡	13 歲

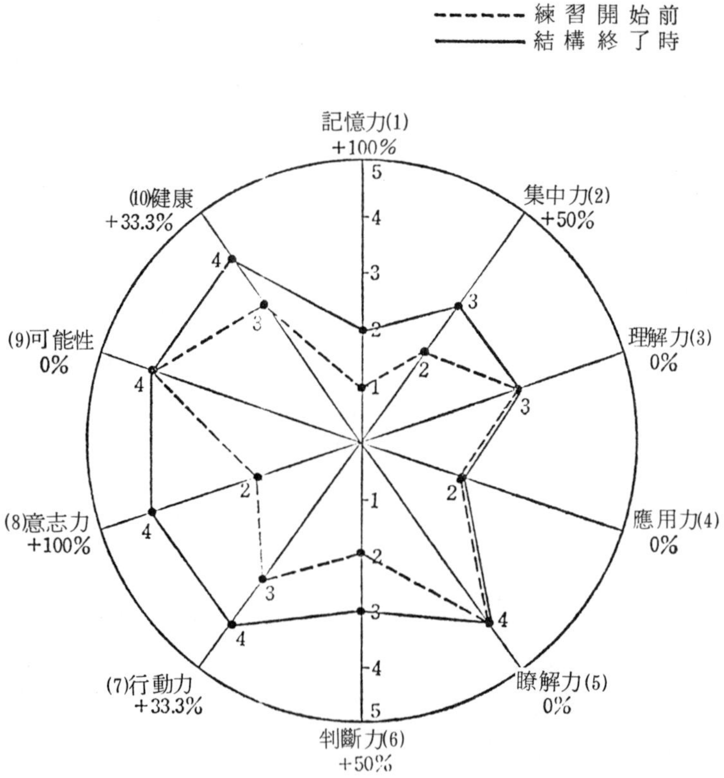

〔自己評估〕　平均值 ＋36.66％

A·M君的性格變化……性格判定表

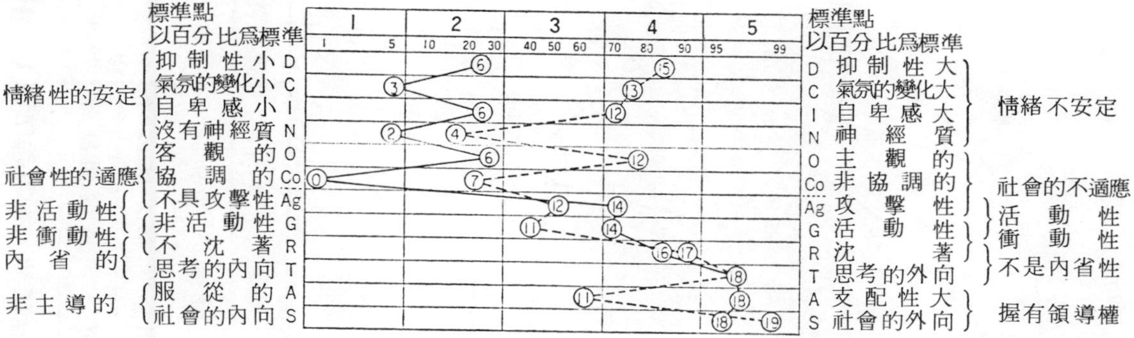

	年月日	E系統值	C系統值	A系統值	B系統值	D系統值	判定	線的種類
開始前	1978.4.15	4	2	3	7	5	B	虛線--------
系統終了時	1978.6.10	0	6	0	6	12	D	實線——

K・Y能力變化……能力判定表

調查年月日	練習開始前	1979 年 5 月 4 日			
	結構終了時	1979 年 6 月 30 日			
公司名	中學生	所屬		職位	
姓名	K・Y	性別	男	年齡	13 歲

------ 練習開始前
—— 結構終了時

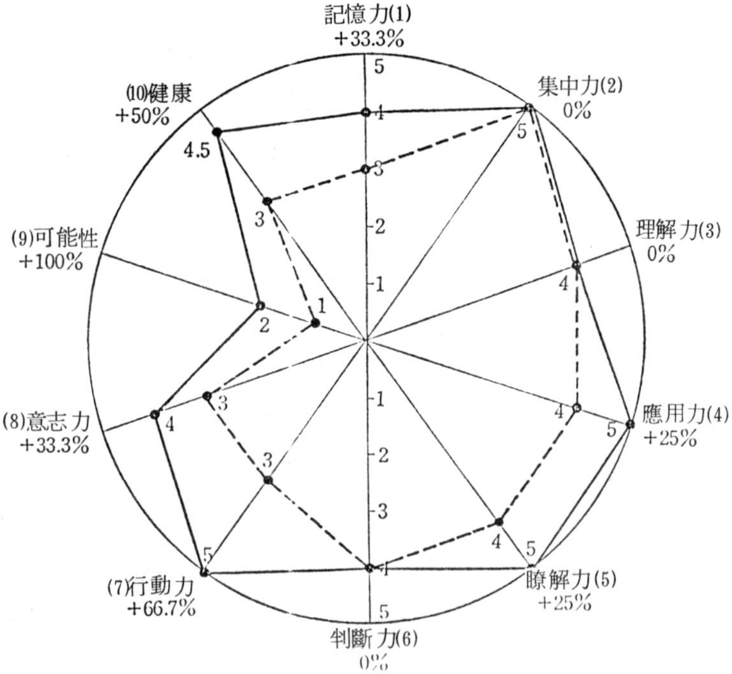

〔自己評估〕　平均值 ＋33.3％

K・Y君的性格變化……性格判定表

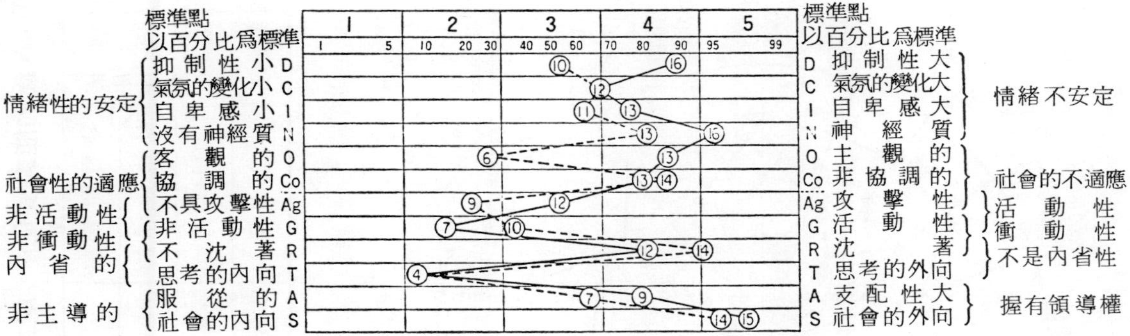

	年月日	E系統值	C系統值	A系統值	B系統值	D系統值	判定	線的種類
開始前	1979.5.4	5	4	4	3	3	AE	虛線--------
系統終了時	1979.6.30	7	2	4	6	1	B′	實線———

▨Y・N氏的能力變化……能力開發表

調查年月日	練習開始前	1978 年 9 月 12 日			
	結構終了時	1979 年 3 月 28 日			
公司名	公司職員	所屬	營業	職位	主任
姓　名	Y・N	性別	男	年齡	31　歲

------ 練習開始前
——— 結構終了時

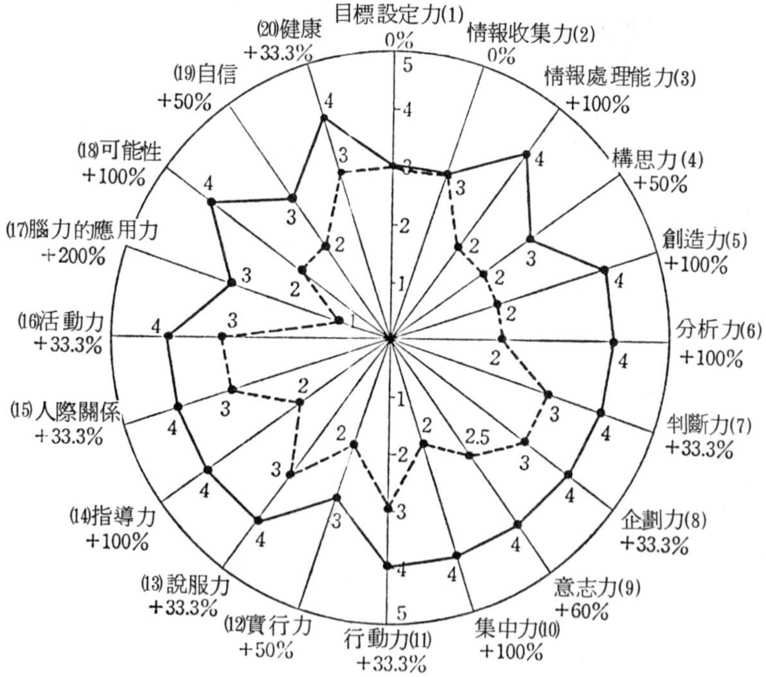

〔自己評估〕　平均值 ＋62.16％

▨Y・N氏的性格變化……性格判定表

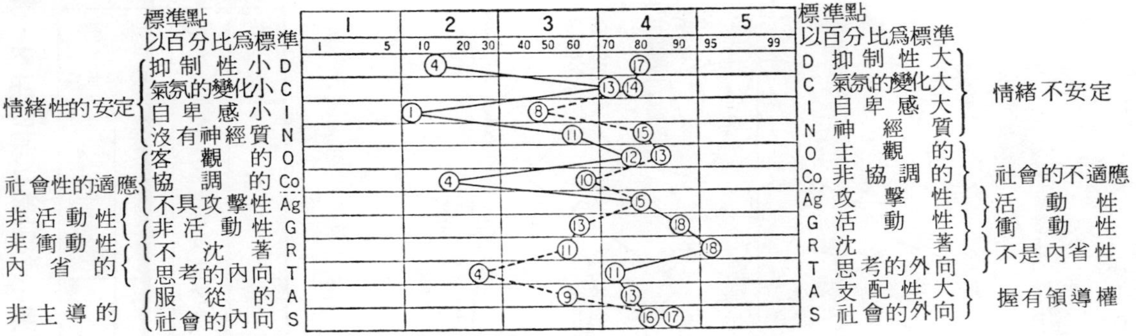

	年月日	E系統值	C系統值	A系統值	B系統值	D系統值	判　定	線的種類
開　始　前	1978.9.12	5	1	5	6	2	AB	虛線………
系統終了時	1979.3.28	1	3	2	8	9	D	實線———

T・K氏的能力變化……能力判定表

調查年月日	練習開始前	1979 年 2 月 19 日
	結構終了時	1979 年 8 月 22 日

公司名	教師(各種學校)	所屬	營業5課	職位	人形學院
姓名	T・K	性別	女	年齡	42 歲

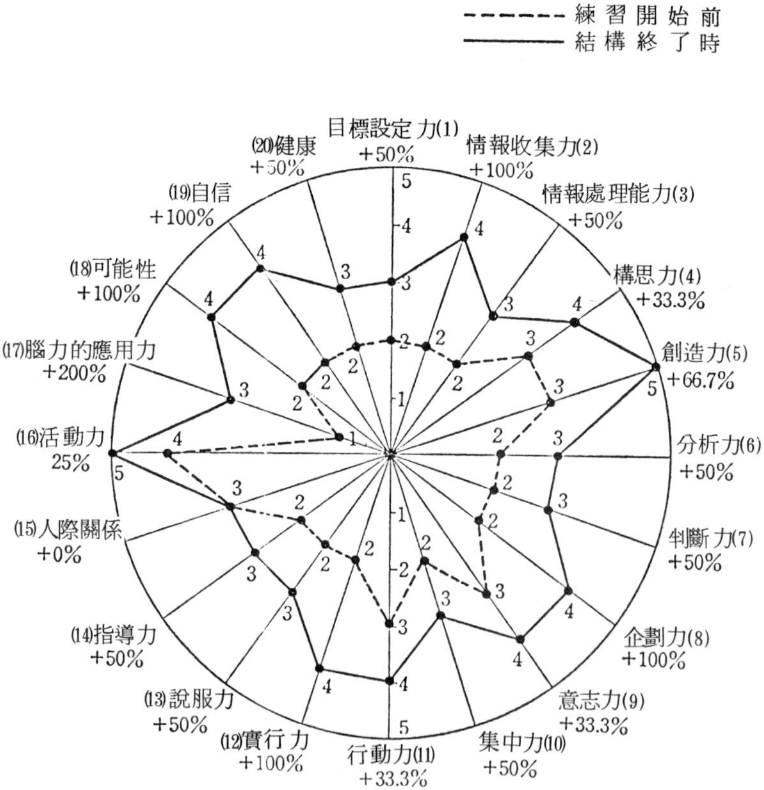

〔自己評估〕 平均值 +64.58%

T・K氏的性格變化……性格判定表

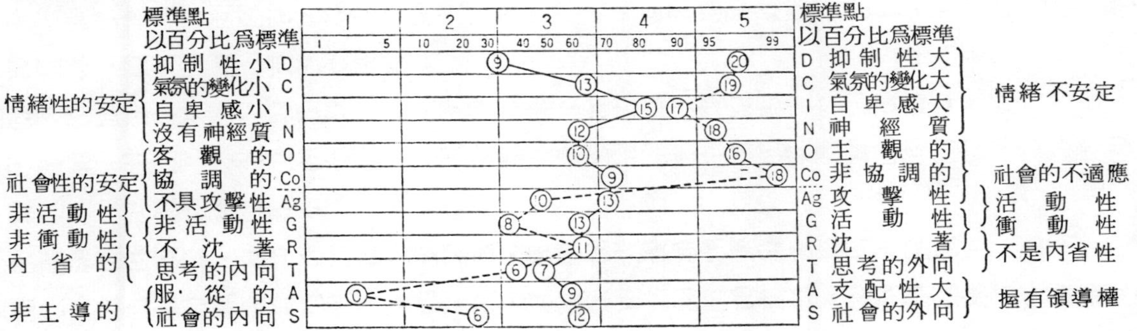

	年月日	E系統值	C系統值	A系統值	B系統值	D系統值	判定	線的種類
開始前	1979.2.19	8	2	4	6	0	E	虛線--------
系統終了時	1979.8.23	2	0	9	3	1	A	實線———

第Ⅰ部的訓練內容如下：

①圍繞在你周圍的環境及將來的局勢②訓練上應注意的事項③了解綜合能力開發系統④了解印象控制法⑤提高能力的另一條件⑥綜合能力開發系統的效果⑦印象控制法的實證⑧印象力⑨提高能力的三要素⑩基本練習的注意事項⑪IC法基本練習1⑫深入的方法⑬IC法基本練習2⑭IC法基本練習3⑮IC法基本練習4⑯IC法基本練習5。

• 第Ⅱ部：創造未來（五卷）

主要是先確定自己的目標，再配合目標做具體的行動。

第Ⅱ部中我們必須將思考加以彙集，以實行訓練，茲列出加以說明。第Ⅱ部最眞正的本意是開發能力。亦即確信開發自己所希望的未來，且必須有此開創的方法。本階段結束後，會感到身體中充滿幹勁和勇氣，自信心同時也更堅定，周圍的人對你的變化會覺得很驚訝。

第Ⅱ部的訓練內容如下：

①了解卡片法②卡片法的步驟③卡片法應注意之點④卡片法的具體實例⑤能力開發種類⑥印象控制法⑦創造未來⑧了解IC—C法⑨創造未來的方法1⑩創造未來的方法2。

• 第Ⅲ部：解決問題的技巧（四卷）

最後就是當你有問題時，必須有解決問題的能力。第Ⅲ部中我們以最合乎理性的方法，來說明解決問題的方法。同時也將介紹在創造未來的希望，或想達成目標時，如何解決眼前的問題。

此階段結束後，你會發現自己再也不害怕任何人、任何事，而周圍的人也會感到你和人相處的態度，及別人對你的看法都有巨大的改變。

第三部的訓練內容如下：

①解決問題的順序②了解NM法③以NM法做為解決硬體問題的方法④根據NM法做為解決軟體問題的方法⑤了解人格轉換法⑥印象控制法的眞諦⑦能力判定及性格判定。

本書所介紹的乃是以訓練爲主體，所以各位讀者若要研修達成，一天只需一〇～一五分進行訓練，每天持續至六個月即可完成。其中使用卡片法、NM法可能費時較久，但希望各位持之以恒確實進行。

至於企業方面，如果沒有充裕的時間，也可利用錄音帶的方式集體練習。至目前爲止我們所得的評論頗佳，尤其是株式會社創造能力開發研究所，已舉辦以下的定期研究會。爲配合本書有關的一些問題，做以下的洽詢。

經營研究會、每月中旬舉行一次……以商業爲目的進行能力開發講座。

專門分科會

①智慧之會（印象控制法研究會），每月第三個週三舉行……以會員之間的情報交換和印象控制法、利用創造工學的智慧及看法等爲主的會議。這也是IC法各部門所研究的會議。

②創造工學研究會、每月第三個週六舉行……主要做爲解決各種問題的方法之研究及實習之

會。

大展出版社有限公司	圖書目錄

地址：台北市北投區11204
致遠一路二段12巷1號
郵撥： 0166955～1
電話：(02) 8236031
8236033
傳真：(02) 8272069

・法律專欄連載・電腦編號 58

台大法學院 法律學系／策劃
法律服務社／編著

①別讓您的權利睡著了[1]	200元
②別讓您的權利睡著了[2]	200元

・秘傳占卜系列・電腦編號 14

①手相術	淺野八郎著	150元
②人相術	淺野八郎著	150元
③西洋占星術	淺野八郎著	150元
④中國神奇占卜	淺野八郎著	150元
⑤夢判斷	淺野八郎著	150元
⑥前世、來世占卜	淺野八郎著	150元
⑦法國式血型學	淺野八郎著	150元
⑧靈感、符咒學	淺野八郎著	150元
⑨紙牌占卜學	淺野八郎著	150元
⑩ＥＳＰ超能力占卜	淺野八郎著	150元
⑪猶太數的秘術	淺野八郎著	150元
⑫新心理測驗	淺野八郎著	160元
⑬塔羅牌預言秘法	淺野八郎著	200元

・趣味心理講座・電腦編號 15

①性格測驗１	探索男與女	淺野八郎著	140元
②性格測驗２	透視人心奧秘	淺野八郎著	140元
③性格測驗３	發現陌生的自己	淺野八郎著	140元
④性格測驗４	發現你的真面目	淺野八郎著	140元
⑤性格測驗５	讓你們吃驚	淺野八郎著	140元
⑥性格測驗６	洞穿心理盲點	淺野八郎著	140元
⑦性格測驗７	探索對方心理	淺野八郎著	140元
⑧性格測驗８	由吃認識自己	淺野八郎著	140元

⑨性格測驗 9	戀愛知多少	淺野八郎著	160元
⑩性格測驗10	由裝扮瞭解人心	淺野八郎著	160元
⑪性格測驗11	敲開內心玄機	淺野八郎著	140元
⑫性格測驗12	透視你的未來	淺野八郎著	140元
⑬血型與你的一生		淺野八郎著	160元
⑭趣味推理遊戲		淺野八郎著	160元
⑮行爲語言解析		淺野八郎著	160元

・婦 幼 天 地・電腦編號 16

①八萬人減肥成果	黃靜香譯	180元
②三分鐘減肥體操	楊鴻儒譯	150元
③窈窕淑女美髮秘訣	柯素娥譯	130元
④使妳更迷人	成　玉譯	130元
⑤女性的更年期	官舒妍編譯	160元
⑥胎內育兒法	李玉瓊編譯	150元
⑦早產兒袋鼠式護理	唐岱蘭譯	200元
⑧初次懷孕與生產	婦幼天地編譯組	180元
⑨初次育兒12個月	婦幼天地編譯組	180元
⑩斷乳食與幼兒食	婦幼天地編譯組	180元
⑪培養幼兒能力與性向	婦幼天地編譯組	180元
⑫培養幼兒創造力的玩具與遊戲	婦幼天地編譯組	180元
⑬幼兒的症狀與疾病	婦幼天地編譯組	180元
⑭腿部苗條健美法	婦幼天地編譯組	180元
⑮女性腰痛別忽視	婦幼天地編譯組	150元
⑯舒展身心體操術	李玉瓊編譯	130元
⑰三分鐘臉部體操	趙薇妮著	160元
⑱生動的笑容表情術	趙薇妮著	160元
⑲心曠神怡減肥法	川津祐介著	130元
⑳內衣使妳更美麗	陳玄茹譯	130元
㉑瑜伽美姿美容	黃靜香編著	150元
㉒高雅女性裝扮學	陳珮玲譯	180元
㉓蠶糞肌膚美顏法	坂梨秀子著	160元
㉔認識妳的身體	李玉瓊譯	160元
㉕產後恢復苗條體態	居理安・芙萊喬著	200元
㉖正確護髮美容法	山崎伊久江著	180元
㉗安琪拉美姿養生學	安琪拉蘭斯博瑞著	180元
㉘女體性醫學剖析	增田豐著	220元
㉙懷孕與生產剖析	岡部綾子著	180元
㉚斷奶後的健康育兒	東城百合子著	220元
㉛引出孩子幹勁的責罵藝術	多湖輝著	170元

㉜培養孩子獨立的藝術	多湖輝著	170元
㉝子宮肌瘤與卵巢囊腫	陳秀琳編著	180元
㉞下半身減肥法	納他夏・史達賓著	180元
㉟女性自然美容法	吳雅菁編著	180元
㊱再也不發胖	池園悅太郎著	170元
㊲生男生女控制術	中垣勝裕著	220元
㊳使妳的肌膚更亮麗	楊　皓編著	170元
㊴臉部輪廓變美	芝崎義夫著	180元
㊵斑點、皺紋自己治療	高須克彌著	180元
㊶面皰自己治療	伊藤雄康著	180元
㊷隨心所欲瘦身冥想法	原久子著	180元
㊸胎兒革命	鈴木丈織著	180元
㊹NS磁氣平衡法塑造窈窕奇蹟	古屋和江著	180元

・青　春　天　地・電腦編號 17

①A血型與星座	柯素娥編譯	160元
②B血型與星座	柯素娥編譯	160元
③O血型與星座	柯素娥編譯	160元
④AB血型與星座	柯素娥編譯	120元
⑤青春期性教室	呂貴嵐編譯	130元
⑥事半功倍讀書法	王毅希編譯	150元
⑦難解數學破題	宋釗宜編譯	130元
⑧速算解題技巧	宋釗宜編譯	130元
⑨小論文寫作秘訣	林顯茂編譯	120元
⑪中學生野外遊戲	熊谷康編著	120元
⑫恐怖極短篇	柯素娥編譯	130元
⑬恐怖夜話	小毛驢編譯	130元
⑭恐怖幽默短篇	小毛驢編譯	120元
⑮黑色幽默短篇	小毛驢編譯	120元
⑯靈異怪談	小毛驢編譯	130元
⑰錯覺遊戲	小毛驢編譯	130元
⑱整人遊戲	小毛驢編著	150元
⑲有趣的超常識	柯素娥編譯	130元
⑳哦！原來如此	林慶旺編譯	130元
㉑趣味競賽100種	劉名揚編譯	120元
㉒數學謎題入門	宋釗宜編譯	150元
㉓數學謎題解析	宋釗宜編譯	150元
㉔透視男女心理	林慶旺編譯	120元
㉕少女情懷的自白	李桂蘭編譯	120元
㉖由兄弟姊妹看命運	李玉瓊編譯	130元

㉗趣味的科學魔術	林慶旺編譯	150元
㉘趣味的心理實驗室	李燕玲編譯	150元
㉙愛與性心理測驗	小毛驢編譯	130元
㉚刑案推理解謎	小毛驢編譯	130元
㉛偵探常識推理	小毛驢編譯	130元
㉜偵探常識解謎	小毛驢編譯	130元
㉝偵探推理遊戲	小毛驢編譯	130元
㉞趣味的超魔術	廖玉山編著	150元
㉟趣味的珍奇發明	柯素娥編著	150元
㊱登山用具與技巧	陳瑞菊編著	150元

・健 康 天 地・電腦編號 18

①壓力的預防與治療	柯素娥編譯	130元
②超科學氣的魔力	柯素娥編譯	130元
③尿療法治病的神奇	中尾良一著	130元
④鐵證如山的尿療法奇蹟	廖玉山譯	120元
⑤一日斷食健康法	葉慈容編譯	150元
⑥胃部強健法	陳炳崑譯	120元
⑦癌症早期檢查法	廖松濤譯	160元
⑧老人痴呆症防止法	柯素娥編譯	130元
⑨松葉汁健康飲料	陳麗芬編譯	130元
⑩揉肚臍健康法	永井秋夫著	150元
⑪過勞死、猝死的預防	卓秀貞編譯	130元
⑫高血壓治療與飲食	藤山順豐著	150元
⑬老人看護指南	柯素娥編譯	150元
⑭美容外科淺談	楊啟宏著	150元
⑮美容外科新境界	楊啟宏著	150元
⑯鹽是天然的醫生	西英司郎著	140元
⑰年輕十歲不是夢	梁瑞麟譯	200元
⑱茶料理治百病	桑野和民著	180元
⑲綠茶治病寶典	桑野和民著	150元
⑳杜仲茶養顏減肥法	西田博著	150元
㉑蜂膠驚人療效	瀨長良三郎著	180元
㉒蜂膠治百病	瀨長良三郎著	180元
㉓醫藥與生活	鄭炳全著	180元
㉔鈣長生寶典	落合敏著	180元
㉕大蒜長生寶典	木下繁太郎著	160元
㉖居家自我健康檢查	石川恭三著	160元
㉗永恒的健康人生	李秀鈴譯	200元
㉘大豆卵磷脂長生寶典	劉雪卿譯	150元

㉙芳香療法	梁艾琳譯	160元
㉚醋長生寶典	柯素娥譯	180元
㉛從星座透視健康	席拉・吉蒂斯著	180元
㉜愉悅自在保健學	野本二士夫著	160元
㉝裸睡健康法	丸山淳士等著	160元
㉞糖尿病預防與治療	藤田順豐著	180元
㉟維他命長生寶典	菅原明子著	180元
㊱維他命C新效果	鐘文訓編	150元
㊲手、腳病理按摩	堤芳朗著	160元
㊳AIDS瞭解與預防	彼得塔歇爾著	180元
㊴甲殼質殼聚糖健康法	沈永嘉譯	160元
㊵神經痛預防與治療	木下眞男著	160元
㊶室內身體鍛鍊法	陳炳崑編著	160元
㊷吃出健康藥膳	劉大器編著	180元
㊸自我指壓術	蘇燕謀編著	160元
㊹紅蘿蔔汁斷食療法	李玉瓊編著	150元
㊺洗心術健康秘法	竺翠萍編譯	170元
㊻枇杷葉健康療法	柯素娥編譯	180元
㊼抗衰血癒	楊啟宏著	180元
㊽與癌搏鬥記	逸見政孝著	180元
㊾冬蟲夏草長生寶典	高橋義博著	170元
㊿痔瘡・大腸疾病先端療法	宮島伸宜著	180元
51膠布治癒頑固慢性病	加瀨建造著	180元
52芝麻神奇健康法	小林貞作著	170元
53香煙能防止癡呆?	高田明和著	180元
54穀菜食治癌療法	佐藤成志著	180元
55貼藥健康法	松原英多著	180元
56克服癌症調和道呼吸法	帶津良一著	180元
57Ｂ型肝炎預防與治療	野村喜重郎著	180元
58青春永駐養生導引術	早島正雄著	180元
59改變呼吸法創造健康	原久子著	180元
60荷爾蒙平衡養生秘訣	出村博著	180元
61水美肌健康法	井戶勝富著	170元
62認識食物掌握健康	廖梅珠編著	170元
63痛風劇痛消除法	鈴木吉彥著	180元
64酸莖菌驚人療效	上田明彥著	180元
65大豆卵磷脂治現代病	神津健一著	200元
66時辰療法──危險時刻凌晨４時	呂建強等著	180元
67自然治癒力提升法	帶津良一著	180元
68巧妙的氣保健法	藤平墨子著	180元
69治癒Ｃ型肝炎	熊田博光著	180元

⑦⓪肝臟病預防與治療	劉名揚編著	180元
⑦①腰痛平衡療法	荒井政信著	180元
⑦②根治多汗症、狐臭	稻葉益巳著	220元
⑦③40歲以後的骨質疏鬆症	沈永嘉譯	180元
⑦④認識中藥	松下一成著	180元
⑦⑤認識氣的科學	佐佐木茂美著	180元
⑦⑥我戰勝了癌症	安田伸著	180元
⑦⑦斑點是身心的危險信號	中野進著	180元
⑦⑧艾波拉病毒大震撼	玉川重德著	180元
⑦⑨重新還我黑髮	桑名隆一郎著	180元
⑧⓪身體節律與健康	林博史著	180元
⑧①生薑治萬病	石原結實著	180元

•實用女性學講座• 電腦編號 19

①解讀女性內心世界	島田一男著	150元
②塑造成熟的女性	島田一男著	150元
③女性整體裝扮學	黃靜香編著	180元
④女性應對禮儀	黃靜香編著	180元
⑤女性婚前必修	小野十傳著	200元
⑥徹底瞭解女人	田口二州著	180元
⑦拆穿女性謊言88招	島田一男著	200元
⑧解讀女人心	島田一男著	200元

•校 園 系 列• 電腦編號 20

①讀書集中術	多湖輝著	150元
②應考的訣竅	多湖輝著	150元
③輕鬆讀書贏得聯考	多湖輝著	150元
④讀書記憶秘訣	多湖輝著	150元
⑤視力恢復！超速讀術	江錦雲譯	180元
⑥讀書36計	黃柏松編著	180元
⑦驚人的速讀術	鐘文訓編著	170元
⑧學生課業輔導良方	多湖輝著	180元
⑨超速讀超記憶法	廖松濤編著	180元
⑩速算解題技巧	宋釗宜編著	200元
⑪看圖學英文	陳炳崑編著	200元

•實用心理學講座• 電腦編號 21

①拆穿欺騙伎倆	多湖輝著	140元

②創造好構想	多湖輝著	140元
③面對面心理術	多湖輝著	160元
④僞裝心理術	多湖輝著	140元
⑤透視人性弱點	多湖輝著	140元
⑥自我表現術	多湖輝著	180元
⑦不可思議的人性心理	多湖輝著	150元
⑧催眠術入門	多湖輝著	150元
⑨責罵部屬的藝術	多湖輝著	150元
⑩精神力	多湖輝著	150元
⑪厚黑說服術	多湖輝著	150元
⑫集中力	多湖輝著	150元
⑬構想力	多湖輝著	150元
⑭深層心理術	多湖輝著	160元
⑮深層語言術	多湖輝著	160元
⑯深層說服術	多湖輝著	180元
⑰掌握潛在心理	多湖輝著	160元
⑱洞悉心理陷阱	多湖輝著	180元
⑲解讀金錢心理	多湖輝著	180元
⑳拆穿語言圈套	多湖輝著	180元
㉑語言的內心玄機	多湖輝著	180元

・超現實心理講座・電腦編號 22

①超意識覺醒法	詹蔚芬編譯	130元
②護摩秘法與人生	劉名揚編譯	130元
③秘法！超級仙術入門	陸　明譯	150元
④給地球人的訊息	柯素娥編著	150元
⑤密教的神通力	劉名揚編著	130元
⑥神秘奇妙的世界	平川陽一著	180元
⑦地球文明的超革命	吳秋嬌譯	200元
⑧力量石的秘密	吳秋嬌譯	180元
⑨超能力的靈異世界	馬小莉譯	200元
⑩逃離地球毀滅的命運	吳秋嬌譯	200元
⑪宇宙與地球終結之謎	南山宏著	200元
⑫驚世奇功揭秘	傅起鳳著	200元
⑬啟發身心潛力心象訓練法	栗田昌裕著	180元
⑭仙道術遁甲法	高藤聰一郎著	220元
⑮神通力的秘密	中岡俊哉著	180元
⑯仙人成仙術	高藤聰一郎著	200元
⑰仙道符咒氣功法	高藤聰一郎著	220元
⑱仙道風水術尋龍法	高藤聰一郎著	200元

⑲仙道奇蹟超幻像	高藤聰一郎著	200元
⑳仙道鍊金術房中法	高藤聰一郎著	200元
㉑奇蹟超醫療治癒難病	深野一幸著	220元
㉒揭開月球的神秘力量	超科學研究會	180元
㉓西藏密教奧義	高藤聰一郎著	250元

・養 生 保 健・電腦編號 23

①醫療養生氣功	黃孝寬著	250元
②中國氣功圖譜	余功保著	230元
③少林醫療氣功精粹	井玉蘭著	250元
④龍形實用氣功	吳大才等著	220元
⑤魚戲增視強身氣功	宮 嬰著	220元
⑥嚴新氣功	前新培金著	250元
⑦道家玄牝氣功	張 章著	200元
⑧仙家秘傳袪病功	李遠國著	160元
⑨少林十大健身功	秦慶豐著	180元
⑩中國自控氣功	張明武著	250元
⑪醫療防癌氣功	黃孝寬著	250元
⑫醫療強身氣功	黃孝寬著	250元
⑬醫療點穴氣功	黃孝寬著	250元
⑭中國八卦如意功	趙維漢著	180元
⑮正宗馬禮堂養氣功	馬禮堂著	420元
⑯秘傳道家筋經內丹功	王慶餘著	280元
⑰三元開慧功	辛桂林著	250元
⑱防癌治癌新氣功	郭 林著	180元
⑲禪定與佛家氣功修煉	劉天君著	200元
⑳顛倒之術	梅自強著	360元
㉑簡明氣功辭典	吳家駿編	360元
㉒八卦三合功	張全亮著	230元
㉓朱砂掌健身養生功	楊 永著	250元
㉔抗老功	陳九鶴著	230元

・社會人智囊・電腦編號 24

①糾紛談判術	清水增三著	160元
②創造關鍵術	淺野八郎著	150元
③觀人術	淺野八郎著	180元
④應急詭辯術	廖英迪編著	160元
⑤天才家學習術	木原武一著	160元
⑥猫型狗式鑑人術	淺野八郎著	180元

⑦逆轉運掌握術	淺野八郎著	180元
⑧人際圓融術	澀谷昌三著	160元
⑨解讀人心術	淺野八郎著	180元
⑩與上司水乳交融術	秋元隆司著	180元
⑪男女心態定律	小田晉著	180元
⑫幽默說話術	林振輝編著	200元
⑬人能信賴幾分	淺野八郎著	180元
⑭我一定能成功	李玉瓊譯	180元
⑮獻給青年的嘉言	陳蒼杰譯	180元
⑯知人、知面、知其心	林振輝編著	180元
⑰塑造堅強的個性	坂上肇著	180元
⑱爲自己而活	佐藤綾子著	180元
⑲未來十年與愉快生活有約	船井幸雄著	180元
⑳超級銷售話術	杜秀卿譯	180元
㉑感性培育術	黃靜香編著	180元
㉒公司新鮮人的禮儀規範	蔡媛惠譯	180元
㉓傑出職員鍛鍊術	佐佐木正著	180元
㉔面談獲勝戰略	李芳黛譯	180元
㉕金玉良言撼人心	森純大著	180元
㉖男女幽默趣典	劉華亭編著	180元
㉗機智說話術	劉華亭編著	180元
㉘心理諮商室	柯素娥譯	180元
㉙如何在公司頭角崢嶸	佐佐木正著	180元
㉚機智應對術	李玉瓊編著	200元
㉛克服低潮良方	坂野雄二著	180元
㉜智慧型說話技巧	沈永嘉編著	元
㉝記憶力、集中力增進術	廖松濤編著	180元

•精 選 系 列• 電腦編號 25

①毛澤東與鄧小平	渡邊利夫等著	280元
②中國大崩裂	江戶介雄著	180元
③台灣•亞洲奇蹟	上村幸治著	220元
④7-ELEVEN高盈收策略	國友隆一著	180元
⑤台灣獨立	森 詠著	200元
⑥迷失中國的末路	江戶雄介著	220元
⑦2000年5月全世界毀滅	紫藤甲子男著	180元
⑧失去鄧小平的中國	小島朋之著	220元
⑨世界史爭議性異人傳	桐生操著	200元
⑩淨化心靈享人生	松濤弘道著	220元
⑪人生心情診斷	賴藤和寬著	220元

⑫中美大決戰　檜山良昭著　220元

・運動遊戲・電腦編號 26

①雙人運動　李玉瓊譯　160元
②愉快的跳繩運動　廖玉山譯　180元
③運動會項目精選　王佑京譯　150元
④肋木運動　廖玉山譯　150元
⑤測力運動　王佑宗譯　150元

・休閒娛樂・電腦編號 27

①海水魚飼養法　田中智浩著　300元
②金魚飼養法　曾雪玫譯　250元
③熱門海水魚　毛利匡明著　480元
④愛犬的教養與訓練　池田好雄著　250元

・銀髮族智慧學・電腦編號 28

①銀髮六十樂逍遙　多湖輝著　170元
②人生六十反年輕　多湖輝著　170元
③六十歲的決斷　多湖輝著　170元

・飲食保健・電腦編號 29

①自己製作健康茶　大海淳著　220元
②好吃、具藥效茶料理　德永睦子著　220元
③改善慢性病健康藥草茶　吳秋嬌譯　200元
④藥酒與健康果菜汁　成玉編著　250元

・家庭醫學保健・電腦編號 30

①女性醫學大全　雨森良彥著　380元
②初爲人父育兒寶典　小瀧周曹著　220元
③性活力強健法　相建華著　220元
④30歲以上的懷孕與生產　李芳黛編著　220元
⑤舒適的女性更年期　野末悅子著　200元
⑥夫妻前戲的技巧　笠井寬司著　200元
⑦病理足穴按摩　金慧明著　220元
⑧爸爸的更年期　河野孝旺著　200元
⑨橡皮帶健康法　山田晶著　200元

⑩33天健美減肥	相建華等著	180元
⑪男性健美入門	孫玉祿編著	180元
⑫強化肝臟秘訣	主婦の友社編	200元
⑬了解藥物副作用	張果馨譯	200元
⑭女性醫學小百科	松山榮吉著	200元
⑮左轉健康秘訣	龜田修等著	200元
⑯實用天然藥物	鄭炳全編著	260元
⑰神秘無痛平衡療法	林宗駛著	180元
⑱膝蓋健康法	張果馨譯	180元

•心 靈 雅 集• 電腦編號 00

①禪言佛語看人生	松濤弘道著	180元
②禪密教的奧秘	葉逯謙譯	120元
③觀音大法力	田口日勝著	120元
④觀音法力的大功德	田口日勝著	120元
⑤達摩禪106智慧	劉華亭編譯	220元
⑥有趣的佛教研究	葉逯謙編譯	170元
⑦夢的開運法	蕭京凌譯	130元
⑧禪學智慧	柯素娥編譯	130元
⑨女性佛教入門	許俐萍譯	110元
⑩佛像小百科	心靈雅集編譯組	130元
⑪佛教小百科趣談	心靈雅集編譯組	120元
⑫佛教小百科漫談	心靈雅集編譯組	150元
⑬佛教知識小百科	心靈雅集編譯組	150元
⑭佛學名言智慧	松濤弘道著	220元
⑮釋迦名言智慧	松濤弘道著	220元
⑯活人禪	平田精耕著	120元
⑰坐禪入門	柯素娥編譯	150元
⑱現代禪悟	柯素娥編譯	130元
⑲道元禪師語錄	心靈雅集編譯組	130元
⑳佛學經典指南	心靈雅集編譯組	130元
㉑何謂「生」 阿含經	心靈雅集編譯組	150元
㉒一切皆空 般若心經	心靈雅集編譯組	150元
㉓超越迷惘 法句經	心靈雅集編譯組	130元
㉔開拓宇宙觀 華嚴經	心靈雅集編譯組	180元
㉕真實之道 法華經	心靈雅集編譯組	130元
㉖自由自在 涅槃經	心靈雅集編譯組	130元
㉗沈默的教示 維摩經	心靈雅集編譯組	150元
㉘開通心眼 佛語佛戒	心靈雅集編譯組	130元
㉙揭秘寶庫 密教經典	心靈雅集編譯組	180元

㉚坐禪與養生	廖松濤譯	110元
㉛釋尊十戒	柯素娥編譯	120元
㉜佛法與神通	劉欣如編著	120元
㉝悟（正法眼藏的世界）	柯素娥編譯	120元
㉞只管打坐	劉欣如編著	120元
㉟喬答摩・佛陀傳	劉欣如編著	120元
㊱唐玄奘留學記	劉欣如編著	120元
㊲佛教的人生觀	劉欣如編譯	110元
㊳無門關（上卷）	心靈雅集編譯組	150元
㊴無門關（下卷）	心靈雅集編譯組	150元
㊵業的思想	劉欣如編著	130元
㊶佛法難學嗎	劉欣如著	140元
㊷佛法實用嗎	劉欣如著	140元
㊸佛法殊勝嗎	劉欣如著	140元
㊹因果報應法則	李常傳編	180元
㊺佛教醫學的奧秘	劉欣如編著	150元
㊻紅塵絕唱	海　若著	130元
㊼佛教生活風情	洪丕謨、姜玉珍著	220元
㊽行住坐臥有佛法	劉欣如著	160元
㊾起心動念是佛法	劉欣如著	160元
㊿四字禪語	曹洞宗青年會	200元
(51)妙法蓮華經	劉欣如編著	160元
(52)根本佛教與大乘佛教	葉作森編	180元
(53)大乘佛經	定方晟著	180元
(54)須彌山與極樂世界	定方晟著	180元
(55)阿闍世的悟道	定方晟著	180元
(56)金剛經的生活智慧	劉欣如著	180元

・經　營　管　理・電腦編號01

◎創新經營管理六十六大計（精）	蔡弘文編	780元
①如何獲取生意情報	蘇燕謀譯	110元
②經濟常識問答	蘇燕謀譯	130元
④台灣商戰風雲錄	陳中雄著	120元
⑤推銷大王秘錄	原一平著	180元
⑥新創意・賺大錢	王家成譯	90元
⑦工廠管理新手法	琪　輝著	120元
⑨經營參謀	柯順隆譯	120元
⑩美國實業24小時	柯順隆譯	80元
⑪撼動人心的推銷法	原一平著	150元
⑫高竿經營法	蔡弘文編	120元

⑬如何掌握顧客	柯順隆譯	150元
⑭一等一賺錢策略	蔡弘文編	120元
⑯成功經營妙方	鐘文訓著	120元
⑰一流的管理	蔡弘文編	150元
⑱外國人看中韓經濟	劉華亭譯	150元
⑳突破商場人際學	林振輝編著	90元
㉑無中生有術	琪輝編著	140元
㉒如何使女人打開錢包	林振輝編著	100元
㉓操縱上司術	邑井操著	90元
㉔小公司經營策略	王嘉誠著	160元
㉕成功的會議技巧	鐘文訓編譯	100元
㉖新時代老闆學	黃柏松編著	100元
㉗如何創造商場智囊團	林振輝編譯	150元
㉘十分鐘推銷術	林振輝編譯	180元
㉙五分鐘育才	黃柏松編譯	100元
㉚成功商場戰術	陸明編譯	100元
㉛商場談話技巧	劉華亭編譯	120元
㉜企業帝王學	鐘文訓譯	90元
㉝自我經濟學	廖松濤編譯	100元
㉞一流的經營	陶田生編著	120元
㉟女性職員管理術	王昭國編譯	120元
㊱ＩＢＭ的人事管理	鐘文訓編譯	150元
㊲現代電腦常識	王昭國編譯	150元
㊳電腦管理的危機	鐘文訓編譯	120元
㊴如何發揮廣告效果	王昭國編譯	150元
㊵最新管理技巧	王昭國編譯	150元
㊶一流推銷術	廖松濤編譯	150元
㊷包裝與促銷技巧	王昭國編譯	130元
㊸企業王國指揮塔	松下幸之助著	120元
㊹企業精銳兵團	松下幸之助著	120元
㊺企業人事管理	松下幸之助著	100元
㊻華僑經商致富術	廖松濤編譯	130元
㊼豐田式銷售技巧	廖松濤編譯	180元
㊽如何掌握銷售技巧	王昭國編著	130元
㊿洞燭機先的經營	鐘文訓編譯	150元
52新世紀的服務業	鐘文訓編譯	100元
53成功的領導者	廖松濤編譯	120元
54女推銷員成功術	李玉瓊編譯	130元
55ＩＢＭ人才培育術	鐘文訓編譯	100元
56企業人自我突破法	黃琪輝編著	150元
58財富開發術	蔡弘文編著	130元

㊾成功的店舖設計	鐘文訓編著	150元
⑹企管回春法	蔡弘文編著	130元
⑹小企業經營指南	鐘文訓編譯	100元
⑹商場致勝名言	鐘文訓編譯	150元
⑹迎接商業新時代	廖松濤編譯	100元
⑹新手股票投資入門	何朝乾 編	200元
⑹上揚股與下跌股	何朝乾編譯	180元
⑹股票速成學	何朝乾編譯	200元
⑹理財與股票投資策略	黃俊豪編著	180元
⑺黃金投資策略	黃俊豪編著	180元
⑺厚黑管理學	廖松濤編譯	180元
⑺股市致勝格言	呂梅莎編譯	180元
⑺透視西武集團	林谷燁編譯	150元
⑺巡迴行銷術	陳蒼杰譯	150元
⑺推銷的魔術	王嘉誠譯	120元
⑺60秒指導部屬	周蓮芬編譯	150元
⑺精銳女推銷員特訓	李玉瓊編譯	130元
⑻企劃、提案、報告圖表的技巧	鄭 汶 譯	180元
⑻海外不動產投資	許達守編譯	150元
⑻八百伴的世界策略	李玉瓊譯	150元
⑻服務業品質管理	吳宜芬譯	180元
⑻零庫存銷售	黃東謙編譯	150元
⑻三分鐘推銷管理	劉名揚編譯	150元
⑻推銷大王奮鬥史	原一平著	150元
⑻豐田汽車的生產管理	林谷燁編譯	150元

•成功寶庫• 電腦編號 02

①上班族交際術	江森滋著	100元
②拍馬屁訣竅	廖玉山編譯	110元
④聽話的藝術	歐陽輝編譯	110元
⑨求職轉業成功術	陳 義編著	110元
⑩上班族禮儀	廖玉山編著	120元
⑪接近心理學	李玉瓊編著	100元
⑫創造自信的新人生	廖松濤編著	120元
⑭上班族如何出人頭地	廖松濤編著	100元
⑮神奇瞬間瞑想法	廖松濤編譯	100元
⑯人生成功之鑰	楊意苓編著	150元
⑲給企業人的諍言	鐘文訓編著	120元
⑳企業家自律訓練法	陳 義編譯	100元
㉑上班族妖怪學	廖松濤編著	100元

㉒猶太人縱橫世界的奇蹟	孟佑政編著	110元
㉓訪問推銷術	黃静香編著	130元
㉕你是上班族中強者	嚴思圖編著	100元
㉖向失敗挑戰	黃静香編著	100元
㉚成功頓悟100則	蕭京凌編譯	130元
㉛掌握好運100則	蕭京凌編譯	110元
㉜知性幽默	李玉瓊編譯	130元
㉝熟記對方絕招	黃静香編譯	100元
㉞男性成功秘訣	陳蒼杰編譯	130元
㊱業務員成功秘方	李玉瓊編著	120元
㊲察言觀色的技巧	劉華亭編著	180元
㊳一流領導力	施義彥編譯	120元
㊴一流說服力	李玉瓊編著	130元
㊵30秒鐘推銷術	廖松濤編譯	150元
㊶猶太成功商法	周蓮芬編譯	120元
㊷尖端時代行銷策略	陳蒼杰編著	100元
㊸顧客管理學	廖松濤編著	100元
㊹如何使對方說Yes	程　義編著	150元
㊺如何提高工作效率	劉華亭編著	150元
㊼上班族口才學	楊鴻儒譯	120元
㊽上班族新鮮人須知	程　義編著	120元
㊾如何左右逢源	程　義編著	130元
㊿語言的心理戰	多湖輝著	130元
51扣人心弦演說術	劉名揚編著	120元
55性惡企業管理學	陳蒼杰譯	130元
56自我啟發200招	楊鴻儒編著	150元
57做個傑出女職員	劉名揚編著	130元
58靈活的集團營運術	楊鴻儒編著	120元
60個案研究活用法	楊鴻儒編著	130元
61企業教育訓練遊戲	楊鴻儒編著	120元
62管理者的智慧	程　義編譯	130元
63做個佼佼管理者	馬筱莉編譯	130元
66活用佛學於經營	松濤弘道著	150元
67活用禪學於企業	柯素娥編譯	130元
68詭辯的智慧	沈永嘉編譯	150元
69幽默詭辯術	廖玉山編譯	150元
70拿破崙智慧箴言	柯素娥編譯	130元
71自我培育・超越	蕭京凌編譯	150元
74時間即一切	沈永嘉編譯	130元
75自我脫胎換骨	柯素娥譯	150元
76贏在起跑點—人才培育鐵則	楊鴻儒編譯	150元

國家圖書館出版品預行編目資料

記憶力、集中力增進術／廖松濤編著，
——初版——臺北市，大展，民86
面；　　公分——（社會人智囊；33）
ISBN 957-557-754-X（平裝）

1. 記憶　2. 注意

176.3　　　　86010389

記憶力·集中力增進術

ISBN 957-557-754-X

編著者／廖　松　濤
發行人／蔡　森　明
出版者／大展出版社有限公司
社　址／台北市北投區（石牌）致遠一路二段12巷1號
電　話／(02) 8236031・8236033
傳　眞／(02) 8272069
郵政劃撥／0166955－1
登記證／局版臺業字第2171號
承印者／國順圖書印刷公司
裝　訂／嶸興裝訂有限公司
排版者／千兵企業有限公司
電　話／(02) 8812643
初版1刷／1997年（民86年）11月

定　價／180元

大展好書 好書大展

大展好書　好書大展